세계 최고의 기업 만들기

ABS 경영

세계 최고의 기업 만들기

ABS 경영

개정판 1쇄 인쇄일 2017년 10월 09일
개정판 1쇄 발행일 2017년 10월 15일

지은이 지영하
펴낸이 양옥매
디자인 신해니
교　정 조준경

펴낸곳 도서출판 책과나무
출판등록 제2012-000376
주소 서울시 마포구 방울내로 79 이노빌딩 302호
대표전화 02.372.1537　**팩스** 02.372.1538
이메일 booknamu2007@naver.com
홈페이지 www.booknamu.com
ISBN 979-11-5776-478-5(03320)

이 도서의 국립중앙도서관 출판시도서목록(CIP)은 서지정보유통지원 시스템
홈페이지(http://seoji.nl.go.kr)와 국가자료공동목록시스템
(http://www.nl.go.kr/kolisnet)에서 이용하실 수 있습니다.
(CIP제어번호 : CIP2017025323)

세 계 최 고 의 기 업 만 들 기

ABS경영

지영하 지음

책나무

Prologue

4차 산업혁명과 뉴노멀 환경으로 인해 기업 환경이 급변하고 있다. 급속한 기술 발전과 이에 따른 새로운 경쟁자의 등장, 경영환경의 변화, 고객 니즈의 다양화 등으로 패스트 팔로워로서 경이로운 경영성과를 보여 주었던 지금까지의 경영방식에서 변화가 필요한 시점이다.

이제 실시간으로 변화하지 않으면 생존할 수 없다. 캐시카우 사업을 과감히 버려야 할지도 모른다. 급격히 발전하는 기술 변화에 가장 효율적으로 적응하여야 한다. 기술 선도의 공격적 시장진입을 노릴 수도 있고, 패스트 팔로워를 구사할 수도 있다. 구조조정, 비용절감과 같은 경영 낭비적 요소도 지속적으로 없애 나가야 한다. 이를 위해 직원 개개인의 업무 몰입도와 혁신 능력도 최대한으로 높여야 한다. 지금과는 전혀 다른 경영방식 도입의 필요성을 반증하는 사안들이다.

한강의 기적을 이룬 세대들이 서서히 퇴장하고 있다. 기업이 늙어 가고 있는 것이다. 기술 진보의 혁신과 변화의 방향 등 미래 예측의 주체여야 할 직원들은 지금까지 그들이 익혀 온 조직 관습에 익숙해진 나머지 변화 자체를 두려워하고 있다.

하지만 중국은 우리보다 30년은 젊다. '젊은' 중국에는 거칠 것이 없다. 비즈니스 카피캣(copycat)이라는 오명에서 시작해 이제는 그들의 롤모델들을 넘어서고 있다. 중국은 우리의 모든 주력사업들과 경쟁을 벌이고 있다.

4차 산업혁명이라는 새로운 변혁 환경에서도 중국의 발전 속도는 놀라울 정도이다.

일본도 달라졌다. 자신들의 성공방정식인 '독자기술'만을 고집하다가 범용(Open)이라는 기술 흐름에 역행하면서 한때 위기에 빠졌다. 하지만 지금 그들은 다시 성공가도를 달리고 있다. 4차 산업혁명의 흐름에서 그들의 기술 본위의 경쟁 우위가 진가를 발휘하고 있는 것이다.

우리의 미래 불확실성과 부정적 시각이 너무나 커져 가고 있다. 우리가 지금까지 이루어 왔던 지속 성장을 그대로 유지할 수 있을지 의심이 되는 시점이다. 더욱 가혹한 경영시스템과 몰입 없이는 살아남기 어려울 것이다. 이제 새로운 경영환경의 변화무쌍한 변화, 시시각각으로 변화하는 기술환경에 민첩하게 대응하기 위해서는 새로운 경영방식의 도입이 필요하다.

기존의 팀 단위 조직에 의한 목표관리 경영방식은 너무나도 많은 문제점을 양산한다. 기업 설립이 오래된 기업은 이미 조직적 매너리즘에 빠져 있다고 보면 된다. 생산성이 급격히 저하되고 있거나 하향평준화 되어 있다.

생산성이 떨어지는 원인은 간단하다. 새로운 조직이 만들어지면 목표가 부여되고, 목표 달성 여부로 평가가 이루어진다. 즉, 조직 간의 이기주의와 비협조가 태생적으로 만들어지게 되고 시간이 지남에 따라 고착화되는 것이다.

ABS 경영시스템은 활동점수기준(Activity Based Scoring) 경영방식이다. 직원들이 활동점수로 평가받으며, 조직도 구성 직원의 평균 활동점수로 평가받는 것이다. 회사는 사업 목표 달성을 위해 직원 활동과 돈을 주력 사업에 집중 투하하여 성과 달성을 극대화시켜 나간다.

경영방식에서의 4차 산업혁명이라 할 수 있다. 경영에도 인공지능의 딥러닝과 빅데이터가 도입된 것이다. 기존의 몰입경영, 흐름경영, 미래경영과는 전혀 다른 새로운 경영방식이다. '성과관리', '경영시스템', '미래예측',

'미래조직'이 중요한 4가지 경영요소라 한다면, 이를 활동점수기준(ABS) 프로세스에 기반하여 새롭게 정의한 것이 'ABS 경영'이다.

이 책의 구성을 살펴보면 다음과 같다. 먼저 제1~3부에서는 'ABS 경영'의 간단한 설명과 지금까지의 조직 내 기업 성과를 저해하는 요소들을 근무문화 · 인사문화 · 평가시스템 · 경영관리적 측면에서 살펴보고, 구체적으로 몰입경영, 흐름경영, 미래경영을 설명한다.

변화무쌍한 미래경영에서 가장 중요한 요소는 미래예측력과 직관력이다. 제4부에서는 필자가 생각하는 미래예측 방법과 미래산업 방향을 예측해 본다. 미래예측 기법들은 경영서적에 여러 가지 이론으로 기술되어 있지만, ABS 경영시스템에서의 툴에 적용된 또 다른 형태의 방법으로 이해해 주기 바란다.

4차 산업혁명은 기술혁명이다. 기술 변화를 바탕으로 미래 산업 방향을 예측하여야 한다는 의미이다. '5G 이동통신기술'과 같은 미래 기술을 살펴보는 것이 경영시스템의 본질과는 다른 부분이 있어서 책에 포함할까 많은 고민이 되었지만, '미래경영'에서 산업의 미래예측이 가장 중요하다는 점에서 개인의 통신 분야 경험을 바탕으로 제5부에 정리하였다. 독자들에 많은 도움이 되었으면 하는 바람이다.

제6부에는 활동점수기준(ABS)을 반영한 미래조직 개념이 정리되어 있다. 아이디어 사업화 조직은 필자가 20년 전 생각했던 과제화 조직들로 이미 전 세계적으로 많은 운영 사례들이 있어서 여러 자료를 참조로 하여 이를 정리해 보았다. 그리고 제7부에서는 ABS 경영을 도입했을 경우 기업 내 리더 · 직원 · 관리자들의 역할 변화를 정리해 보고, 변화된 기업문화의 모습도 생각해 본다.

끝으로, 제8부에는 ABS 경영을 기업에 적용하는 단계와 유의사항에 대한 해석 부분을 정리하였다. 기업이 기존 어떤 경영방식으로 운영되고 있든지 ABS 경영시스템의 도입은 간단하고 쉽다. 이미 비즈니스 프로세스의 기본 개념을 가지고 기업이 운영되고 있기 때문에 혼돈이 없다는 개념이 될 것이다.

전반적인 내용이 경영시스템의 툴을 설명하는 규격적 형태로 기술되어 읽기에 딱딱할 수 있다. 따라서 지금보다 더 심화된 설계규격 수준의 내용은 본 책에서 제외하였다. 예를 들면 '공통 업무 실적점수 부여 방법'이나 '기능 부서별 업무실적 평가방법', '평가제도 · 승진제도 · 보상제도' 등의 구체적인 설계내용은 책 분량도 많아지고 무엇보다 논문 수준으로 딱딱해지기 때문이다.

4차 산업혁명 환경으로 대변되는 이제 부터의 글로벌 경쟁에서는 기업경영의 '변화'가 아닌 '변혁'이 필요한 시점이다. ABS 경영기법은 기업 내 모든 비효율적 · 비생산적인 요소를 단기간에 해소하고, 급변하는 시장환경에의 민첩한 대응, 기업경쟁력으로 대변되는 고객 · 시장 · 기술에 기반한 기업의 최고 가치 창출을 위해서 전 직원 모두가 '창의'와 '몰입'을 통해 경영성과에 집중하는 방식이다.

변화하여야만 살아남을 수 있다! 이는 항상 변화하게 만드는 경영시스템이 필요하다는 또 다른 의미이기도 하다.

2017년 10월
지영하

· CONTENTS ·

ABS 경영
세계 최고의 기업 만들기

PART 1

ABS Activity Based Scoring
경영 개요

ABS 경영의 등장 배경

경영의 가장 중요한 요소를 4가지로 구분하자면 '성과관리', '경영시스템', '미래예측', '미래조직'이 될 것이다. 이들 4가지 경영요소를 활동점수기준(ABS, Activity Based Scoring) 프로세스에 기반하여 새롭게 정의한 것이 'ABS 경영'이다.

먼저 '성과관리'가 제대로 이루어 지지 않으면 직원들은 업무 몰입에 대한 의욕이 현저히 저하될 수 있다. 활동점수기준(ABS) 성과관리를 도입하여 몰입경영의 생산성을 극대화한다.

둘째, 활동점수기준(ABS) 기반으로 비즈니스 프로세스 재설계(BPR)를 통해 새로운 '흐름경영(Flow)'의 시스템화를 이룬다.

셋째, 4차 산업혁명의 키워드인 빅데이터와 인공지능(AI)의 딥러닝을 반영한 미래예측 방법을 통해 새로운 혁신 비즈니스 모델을 구상하고 사업화하기 위한 미래예측 툴(Tool)을 제공한다.

마지막으로 ABS 경영을 위한 미래조직 구성 및 조직관리방식을 적용하여 미래경영의 조직구조를 만들어 간다.

이들 4가지 요소를 적용하게 될 경우, 시시각각으로 변화하는 시장환경에 민첩하게 대응하면서 직원 개개인의 업무 몰입도와 혁신 능력을 높이고 경영목표와 연계된 성과지표를 극대화시킬 수 있다.

　ABS 경영의 등장 배경이라고도 할 수 있는 '성과관리'의 모티브를 설명해 본다.

▪ 이동4파트의 기억

　필자가 1990년대 초반 S전자 연구소에 다닐 때의 일이다. 이동4파트라는 팀 단위 조직을 맡아 시스템 소프트웨어 개발 업무를 담당하고 있었다.

　유선 · 무선 · 사업자별 · 국내외 사업별로 소프트웨어 패키지가 구분되어 11개의 소프트웨어 개발 프로젝트(project)가 동시에 진행되고 있었다. SK텔레콤의 개인휴대통신(PCS, Personal Communication Services) 시스템 개발이 한 개의 프로젝트였다고 생각하면 11개 프로젝트의 규모를 미루어 짐작할 수 있을 것이다.

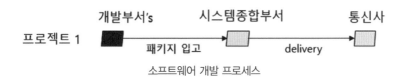

소프트웨어 개발 프로세스

　소프트웨어 개발은 개발부서가 소프트웨어 코딩(Coding)을 통해 패키지를 만들고, 주간(晝間)에 시스템종합 부서가 테스트베드(test bed)에서 통합 시험을 하기 때문에 개발부서는 야간(夜間)에만 자신들이 개발하고 있는 패키지 시험을 할 수 있었다. 또 주간에는 야간 시험 시 나타났던 문제점이나 새로운 기능들을 수정하는 형태로 매일 반복되는 업무가 진행되었다.

사업자들과의 패키지 납기 기간 약속 때문에 팀 내 모든 직원들이 주말도 없이 매일 밤샘 작업을 하면서 소프트웨어 개발을 진행할 수밖에 없다. 타 부서는 유선·무선으로 구분된 단일 업무 영역을 가지고 있었기 때문에 자연히 타 팀과는 비교될 수 없는 업무 강도나 업무 실적을 보이고 있었다.

연말 평가 시즌이 되었다. 직원들 평가는 어떻게 되었을까?

타 부서·타 팀과 비교해서 업무나 성과에 있어서 큰 차이가 남에도 불구하고 평가제도는 팀마다 동일 잣대로 평가된다. 예를 들면 각 팀마다 평가 등급이 배분되어 최상위 5%, A급 15%, B급 60%, C급 20%를 동일하게 적용받는것이다.

결국 어느 한 팀에 혹은 한 직원에 업무가 많이 몰려 업무성과를 많이 내어도 평가에서는 이를 전혀 반영할 수 없다는 점에서 평가 한계를 가지고 있었고, 이로 인해 큰 좌절을 경험한 적이 있다.

이러한 평가제도의 모순을 고치기 위해 모든 기업에서 다면(多面) 평가제도나 팀 단위가 아닌 부서 단위로의 평가 등으로 평가제도에 많은 변화를 주어 왔지만, 근본적인 평가의 공정성 문제를 해소할 수는 없다.

활동점수기준(ABS) 성과관리는 필자가 '이동4파트의 전설'이라고 부르는 이러한 배경에서 등장하게 되었다. 간단하게 ABS 경영에서의 '성과관리'를 정의하면 '임의 평가기간 동안 직원들 개개인의 업무 활동이 점수화되어 가산되고, 동일 직급의 직원들 간 상호 비교를 통해 평가가 되는 방식'이다.

기업경영의 난제

기업경영과 관련하여 많은 문제점이 있다. 직원 근무 행태, 인사(人事) 문화, 평가관리, 경영관리 등 기업경영의 전 분야에 걸쳐 문제점을 가지고 있다. 각각에 대해 자세하게 언급하겠지만, 가장 큰 문제는 아마도 다음일 것이다.

필자가 알고 지내는 이사(理事)급 지인에게 이런 질문을 해 보았다. "회사가 미래 먹거리 사업을 하나 정해 이를 옆 부서에 할당하였다면 관련 업무를 적극적으로 지원하겠는가?"이다.

당연히 답은 "No!"이다. 왜 그럴까? 그 사업이 잘되면 담당 부서는 떠들썩하게 표창 받고, 좋은 평가를 받아 인센티브나 승진 등에서 많은 혜택을 받게 되겠지만, 자신은 상대적으로 평가의 불이익을 받기 때문이다.

소니의 사례를 살펴보자. 소니의 워크맨이나 카메라, 캠코더 등은 모두가 갖고 싶어 하던 기술과 혁신의 최첨단이었다. 그러한 소니가 한때 몰락할 수밖에 없었던 이유에는 여러 가지가 있겠지만, 필자가 생각하는 가장 기본적인 이유는 상기(上記)와 같은 '부서 이기주의'이다.

경영진의 의사결정에 따라 새로운 기술 개발, 신규 사업 진출 등이 결정되어도 기존 사업부서의 적극적인 참여를 이끌어 내기란 어렵다. 사업부제 특성상 캐시 카우(Cash Cow)로 수익을 잘 내고 있는 부서는 유능한 직원이 신규 사업부서로 차출될 경우 자신의 수익 감소 우려뿐만 아니라 주력 사업의 성공이 자신의 쇠락과 평가 저하로 이어지기 때문에 적극적 협조로 이루어질 수 없다.

따라서 빠른 기술개발과 민첩한 시장 대응이 필요함에도 내부 갈등으로 인해 새로운 시장에 대한 주도권을 상실하게 됨으로써 실패의 역사를 가지게 된 것이라 볼 수 있다.

ABS(활동점수기준) 경영에서는 어떨까? 새로운 업무의 등장은 직원들에게는 엄청난 기회이다. 활동이 점수화되어 평가되기 때문에 활동이 많으면 많을수록 좋다. 신시장과 신제품 개발 프로세스 활동들이 새롭게 만들어지면 점수를 높일 수 있는 활동이 늘어나게 되는 것이다.

참고로, 쇠락의 길을 걷던 소니는 2015년을 기점으로 반전을 꾀하고 있다. 과거 소형화 · 경량화로 대변되는 기술 DNA를 바탕으로 화려한 부활을 하고 있다. 빠르게 다가오고 있는 4차 산업혁명 흐름에서 가상현실(VR, Virtual Reality)에 기반한 플레이스테이션, 인공지능형 로봇, 사물인터넷(IoT, Internet of Things) 영상센서, 5G 스마트폰과 자율주행차의 카메라 센서 등에서 주도권을 가져가고 있어, 앞으로 주목할 필요가 있다.

ABS 경영 개요

ABS(활동점수기준) 경영은 ABS 성과관리와 ABS 경영시스템, 미래예측 툴(Tool) 및 ABS 미래조직 관리방식으로 구성되어 있다.

• ABS 성과관리

ABS 성과관리는 기업 가치활동에 중요도와 우선순위를 고려하여 활동점수를 부여하고, 직원들이 업무 활동을 수행할 경우 부여된 활동점수를 획득하고, 이들을 합산하여 정해진 기간에 동일 직급 내 직원들 간에, 활동점수 순위로 평가하는 것이다.

우리는 미국여자프로골프(LPGA)에서 금년도 '올해의 선수', '올해의 신인'이 누구냐고 물으면 누구든 쉽게 대답할 수 있다. LPGA 인터넷 사이트에서 실시간으로 순위를 제공하고 있기 때문이다. 즉, LPGA가 인정하는 대회에 참가해 거두는 성적을 포인트로 환산하여 누적점수로 순위를 매기고 있다.

비슷한 개념으로 ABS 성과관리도 직원들이 업무 활동을 하게 되면 해당 활동에 부여된 점수를 획득하여 누적점수로 순위가 매겨진다.

  ▪ ABS 경영시스템

  일반적인 경영시스템은 기업 내 경영목표를 달성하고 성과지표를 달성
하기 위해 경영활동, 조직, 자원, 그리고 프로세스를 관리한다. 경영활동
은 전략수립 · 제품개발 · 생산 · 물류 · 판매 · 서비스 등의 기능적 업무를
수행하는 것이고, 여러 부문 · 부서에서의 활동들로 구성된 프로세스를 수
행한다. 여기까지는 ABS 경영시스템도 동일한 개념이다.
  하지만 ABS 경영시스템은 다음의 특징을 가진다.

  1) 기업 가치사슬로 이루어진 각 '프로세스 활동'에 '경영점수'를 부여한다. 이때
     경영목표의 중요도와 우선순위를 고려하여 프로세스별로 '경영점수'와 '활동
     점수'를 차등하여 부여한다.
  2) 활동점수기준(ABS)의 성과관리를 수행한다. 즉, 직원들이 활동을 수행하면
     정해진 활동점수를 획득하고, 개인별 누적 관리하여, 임의 기간 누적된 활동
     점수로 평가한다.
  3) 빅데이터에 기반한 미래예측 툴(Tool)을 제공한다.
  4) 미래조직을 구성하고 관리한다. 신규 사업 · 기술 · 제품 · 서비스에 대한 사
     업화를 ABS 기반으로 조직화를 지원한다.

- **프로세스별 경영점수/활동점수 부여**

경영목표가 수립되면 가치활동에 기반한 프로세스가 구성된다. 예를 들어, 가상현실(VR)에 기반한 게임기를 개발하여 100만 명의 고객을 확보하자는 경영목표가 수립되었다고 가정해 보자.

'가상현실 게임기 사업'이라는 한 개 프로세스가 구성되고, 전략 수립 · 제품 개발 · 생산 · 물류 · 판매 · 서비스에 이르는 가치활동들이 형성될 것이다.

ABS 경영은 해당 프로세스에 경영점수를 부여하고, 각 활동별로 업무난이도 · 성과기여도를 고려하여 활동점수를 분배한다. 특정 사업 혹은 활동에 전략적 집중이 필요할 경우, 경영점수와 활동점수를 실시간으로 높여갈 수 있다.

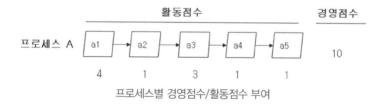

프로세스별 경영점수/활동점수 부여

또한, 여러 사업이 동시 진행되기 때문에 기업전략 · 경영목표 · 성과지표(KPI/BSC)의 중요도를 따져 '프로세스' 및 '활동'별로 차등 점수 부여가 가능하다. 즉, 중요한 사업일 경우 해당 프로세스의 경영점수를 높이게 되고, 이렇게 되면 해당 프로세서의 단위 활동 점수도 높아진다. 당연히 직원들의 활동이 특정 프로세스에 집중되게 함으로써 몰입경영과 흐름 제어라는 흐름(Flow) 경영의 근간을 이루게 된다.

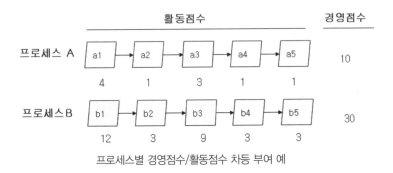

프로세스별 경영점수/활동점수 차등 부여 예

지금까지 활동점수기준(ABS) 경영시스템의 개략적인 개념을 살펴보았다. 제2부에서는 기업 내에 상존하고 있는 여러 문제점을 살펴보고, ABS 경영시스템 도입을 통해 어떻게 해결해 나갈 수 있는지를 생각해 보고자 한다.

ABS Activity Based Scoring
경영 도입 시 변화

기업 내에는 다양한 문제점이 상존하고 있다. 근무 문화, 인사(人事) 문화, 평가시스템, 경영관리시스템에서 불공정 · 비효율적 · 비생산적 기업 운영의 행태를 내포하고 있을 것이다. 공감이 가는 부분도 있을 수 있고, 기업마다 문화적 차이가 있기 때문에 이견을 가질 수도 있겠지만 ABS 경영과의 관련성을 생각해 보면서 음미해 본다면 쉽게 이해될 것이다.

• 근무 시간 중 업무 몰입도 부족

사람들에게는 개인사(個人事)가 있다. 경조사, 직원가족을 포함한 건강상 급한 일이나, 가정의 개인적인 용무(자녀 문제, 이사), 손님 방문 등으로 자리를 비우는 경우가 있다.

또, 회사가 노후를 보장해 주지 않기 때문에 개인 재테크에도 많은 관심을 가지게 된다. 근무 시간 중에 금융 거래, 주식 매매, 재테크 관련 자료 탐독, 강좌 수강, 부동산 관련 일들을 하게 되는데 문제는 이러한 개인적인 재테크에 너무나 많은 시간이 할애되고 있다는 점이다.

또한, 회사 내 인터넷 환경을 활용하여 업무와 무관한 인터넷 서핑, 사내 메신저 채팅, 소셜네트워크서비스(SNS), 뉴스 검색(연예뉴스, 스포츠뉴스 등)을 하거나, 심지어 인터넷 게임, 인터넷 쇼핑 등으로 한참을 보내는 것에 익숙해 있다.

이러한 현상들은 우리나라 1인당 근로시간은 세계 최고 수준이지만 노동생산성은 46(國)개국 중 최하위 수준이라는 국제 시장조사업체 (트레이딩 이코노믹스) 조사 결과로도 입증되듯이 근무 시간 중의 업무 몰입도가 부족함을 반증하고 있다.

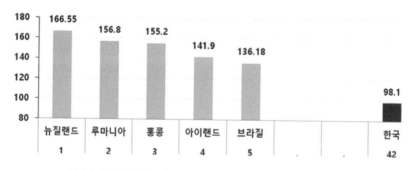

세계 노동생산성 순위 〈단위: 점수, 출처: Trading Economics.com〉

- **무분별한 야근 · 잔업 · 휴일근무**

정시퇴근이나 근로시간 단축은 회사 업무보다 '내' 생활이 중요하다는 인식 변화가 확산되면서 늘어나고 있는 추세이다. 그럼에도 불구하고 연구개발과 같이 밤샘 근무가 불가피한 업무라든지, 갑작스럽게 업무가 몰리는 기간, 비정기적인 수명업무의 발생 등으로 인해 야근이나 잔업을 필요로 하는 경우도 빈번히 발생하고 있다.

문제는 불필요한 야근 · 잔업 · 휴일근무가 너무나도 쉽게 행해지고 있다는 점일 것이다. 근로시간이 OECD 국가 중 두 번째로 높다.

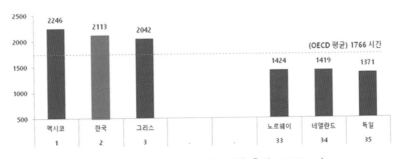

OECD국가 근로시간 순위 〈단위: 시간, 출처: OECD.org〉

상사가 퇴근하지 않아서 눈치 보며 앉아 있는 경우나, 매일 밤 야근에, 토요일 · 일요일까지 휴일근무를 많이 하여야만 일을 많이 하는 것으로 생각하는 회사 분위기 때문에 그냥 무턱대고 남아 있는 경우도 많다. 이러한 현상은 연말 인사고과 시즌이면 더욱 심해진다.

또 관리자들 역시 '근무 시간 연장이 업무 실적의 양적 증가와 관련이 있다'고 생각하면서 암묵적인 강요를 하는 경우도 있어서 국내 기업 내에서 무분별한 야근 · 잔업 · 휴일근무는 쉽게 사라지지 않고 있다.

▪ 휴가 · 명절 후유증

우리나라 평균 휴가 일수는 여름휴가, 명절, 연차휴가 등을 합해 120일 정도 된다. 여름휴가의 경우 9일 연속휴가의 경향을 띠고 있고, 장기휴가 혹은 리프레시(refresh) 휴가 제도라는 이름으로 최장 2주일간 휴가를 장려하는 기업도 있다.

물론 휴가 일수가 많다고 해서 이를 줄이자는 말이 아니다. 한국의 근로시간은 앞서 얘기한 대로 OECD 평균보다도 훨씬 길고, 다가오는 고령화 · 저출산 이슈를 범국가적으로 해결하기 위해서라도 근로시간은 지금보다 단축되어야 한다.

말하고자 하는 바는 이러한 긴 연휴를 보내고 나면 흔히 말하는 월요병처럼 생산성 저하를 나타낼 수 있다는 점이다. 즉, 리프레시가 되어야 할 휴가가 휴가 이후의 피로감에 의하여 오히려 업무능력과 집중력 저하라는 후유증을 불러일으킨다는 것이다. 결과적으로 업무 '생산성 저하'와 '몰입도 저하'가 발생된다.

〈출처: 네이버이미지〉

또 여름휴가는 직원별로 날짜가 달라 장기간 회사 업무의 마비 현상을 낳기도 한다. 명절의 경우는 장거리 이동이나 장시간 운전, 과도한 가사일 등으로 인하여 근무 생활 리듬이 급격히 저하되어 이를 회복하는 데 많은 시간이 소요될 수 있다.

▪ 조직개편 시의 업무공백

국내외 대부분 기업의 경우, 연말 정기 인사 및 조직개편이 일반화되어 있다. 이때 팀이나 부서가 없어진다든지, 임원·부서장의 대규모 인사가 예정되어 있다든지, 직원들의 부서 이동이 예상되는 경우 통상적으로 업무에 손을 놓게 되는 공백현상이 발생한다.

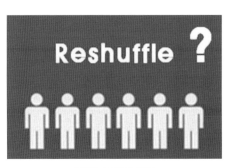

〈출처: 구글이미지〉

또 조직개편을 앞두면 주요 사업에 대한 의사결정을 중단하고 조직개편 이후로 보통 넘기게 되고, 조직개편이라는 어수선한 사내 분위기상 업무에 대한 관심과 열의가 현저히 떨어지게 된다.

직원들은 업무 수행보다 조직개편이나 부서장 인사이동에 관심을 기울이는 것이 보통이다. 더구나 조직개편 이후에도 이러한 업무 공백이 지속된다.

새로운 부서에 대한 역할 정립이나 신규 임원·부서장에 대한 업무파악

보고 등을 수반하게 됨으로써 경영목표 달성을 위한 실적 양산보다는 상당 기간 동안 업무 본격 시작을 위한 준비 과정이 필요한 것이다.

즉, 조직개편은 기업체에서 불가피한 경영활동이긴 하지만 이로 인해 비효율적인 근무 시간의 운영뿐만 아니라, 회사 경영목표와 전략 실행의 연속성을 상당 기간 가지지 못하는 심각한 후유증을 낳는다.

▪ 인사평가 이후의 업무공백

통상적으로 연말 조직개편 이전에 직원들에 대한 인사평가를 시행한다. 이러한 인사평가는 직원들의 차기 년도 상여 및 승진과 연계되어 있다. 기업마다 인사적체가 일반화되어 있기 때문에 부서 내 많은 승진대상자 중에서 소수의 인원만 승진하게 된다.

이때 승진에서 떨어진 직원은 많은 좌절감을 느끼게 되고 인사평가 시즌 이후 업무공백 기간을 가지게 된다. 이러한 저성과자가 다음 연도를 기약하고 새로운 각오를 다지며 업무에 다시 임하기까지 많은 기간 방황하게 되면서 비효율적인 근무 시간의 운영 상황이 장기간 발생된다.

▪ 비효율적인 회의문화

우리나라 직장인이라면 누구나 회의문화에 대해서 의문을 가지게 된다. 거의 매일 회의를 하거나, 하루 종일 회의로 시작해서 회의로 끝나는 회사도 있을 수 있다. 직원 개개인의 비효율적 근무 시간 운영을 이끄는 원인

중의 하나이다.

또 회의의 운영방식에도 비효율적인 요소들이 많이 발생하고 있다. 회의 진행 방식의 경우 정시(定時) 시작은 많이 개선되었지만, 토의 자료에 대한 사전배포나 학습 없이 참석하여 회의 도입부에 너무 많은 시간을 소비하는 경우도 많다. 참석할 필요도 없는데 단 몇 분 발언을 위해 참석자로 정해져 불필요한 시간을 낭비하는 경우도 있다.

또한 결론 없이 마치면서 또 다른 회의를 잡게 되는 비효율적인 회의문화의 사례들을 흔히 볼 수 있다. 이는 직원들의 업무 몰입도를 저해하는 요소 중의 하나일 뿐만 아니라, 회의 참석자의 시간당 비용을 산출할 경우 회사의 비용 손실 또한 상당할 것이다.

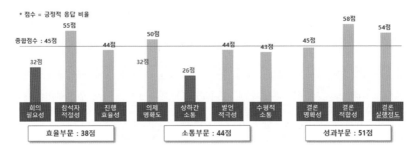

국내 회의문화 부문별 진단 결과. 그래픽=대한상공회의소〈출처: 매일일보〉
+ 대한상의가 조사한 바에 따르면 국내 기업 회의문화는 45점 낙제점이다.

▪ 잡무(雜務)

조직 내 자질구레한 사무를 담당하는 직원들이 있다. 인력효율화나 비용절감 차원에서 비정규직 사원이 줄어드는 추세이기 때문에 발생되는 현상이다. 상사의 각종 영수증 처리, 문서 수발신, 회의실 예약, 프로젝터 빔 설치, 택배 처리, 방문객 접대 등의 허드렛일을 개개인이 하지 않고, 보통 팀의 '막내'로 불리는 직원이 도맡아 하고 있다.

이들 직원들에게 잡무마저도 의미 있는 것이라고 얘기할지 모르지만, 그들에게도 엄연히 성과를 내어야 할 업무가 있기 때문에 상당한 근무 시간 낭비가 발생하게 된다.

지금까지 비효율적·비생산적인 근무문화 형태를 정리해 보았다. 이러한 사례를 통해서 말하고자 하는 바는 근무 시간 중에 다양한 요인에 의해 업무 '생산성 저하'와 '몰입도 저하'가 발생한다는 것이다.

ABS 경영은 활동점수를 끊임없이 증가시켜야 하는 방식이다. 비효율적 근무문화로 근무 시간 낭비가 발생하면 활동점수 양산(量産)에 곧바로 영향을 주기 때문에 자연적으로 낭비적 요소들이 해결되어 갈 것이다. 근무 시간의 몰입 개념이다.

조직 내 인사문화 문제점

조직 내 근무문화에서와 마찬가지로 지금까지 없던 문제를 들추고, 직접적인 해결책을 제시하고자 하는 것은 아니다. ABS 경영 도입으로 인사문화와 연계된 비효율적 요소들이 어떻게 개선될지 생각해 보자는 것이다.

· 직위등급제의 피라미드 구조

우리나라 직위등급제도는 사원-주임-대리-과장-차장-부장-임원으로 이어지는 피라미드 구조를 대부분 채택하고 있다. 연령이나 근속년수 등과는 관계없이 직급기준을 만족시키면 직급이 올라가게 되는 구조이지만, 연봉제의 실제 운영에서 보듯 연공(年功)이 서열을 결정하는 중요 요소가 되고 있다.

새롭게 회사를 만들거나 신규 사업을 추진할 경우, 그리고 사업 성장기에는 조직 규모가 커져 가기 때문에 직급 피라미드 구조를 정상적으로 가져갈 수 있다. 그러나 기업이 성숙기에 접어들어 기업 연령이 늘어나게 되면 '만년과장', '만년차장'의 용어에서 보듯 특정 직급의 적체현상을 보이게 되고, 특히 사업 초기에 대규모 경력사원을 채용한 전문직종 기업체에서는 훨씬 빨리 직급 적체현상을 띠게 된다.

직위등급제의 피라미드 구조를 유지하는 것이 경영관리의 한 축으로 자리 잡고 있기 때문에, 이러한 직급 적체현상이 시간이 지날수록 심화될 수밖에 없는 상황에서 직원들의 승진 숫자는 줄어들 수밖에 없을 것이다.

이에 따라 사업 초기 빠른 진급을 지켜봐 온 '만년과장', '만년차장'들은 이미 '자포자기'와 상위 직급 상승에 대한 열의가 줄어들게 되고, 이러한 것들이 근무의욕에 직접적인 영향을 줌으로써 업무실적의 최대 성과를 거두지 못하는 문제점으로 이어지게 된다.

물론 이러한 피라미드 직급구조를 개선하고 수평적 기업문화를 만들기 위해 직급체계와 호칭체계를 통일해 나가는 기업들이 많다. '님'이나 '매니저' 등으로 호칭을 통일해 부르는 것이다.

• 동일 체급 간의 경쟁

ABS 경영에서는 '사원-주임-대리-과장-차장-부장'으로 이어지는 직위등급제도를 그대로 유지하거나 오히려 더 세분화하는 것을 권고한다. 왜냐하면 활동점수에 기반한 공정한 평가를 위해서는 직무역량이 비슷한 수준의 직원들 간에 평가가 이루어져야 하기 때문이다.

예를 들면, 권투 체급이 17체급으로 나뉘는데 이렇게 세밀하게 나누는 이유는 선수 체중에 따라 이미 승패가 결정될 수 있기 때문이다. 밴텀급 선수와 헤비급 선수가 싸우는 것은 공정하지 않다.

호칭은 '권투 선수'이겠지만 시합 때는 체급별로 구분이 되어야 한다는

체급의 차이 〈사진출처: 뉴시스〉

의미이다. 동일 체급 내에서 승부를 내어야 한다.

ABS 경영에서는 직급 연차가 5년, 10년, 15년 되었다고 승급이 되는 것이 아니다. 동일 직급에서 최상위 업적성과를 내는 직원들이 승급을 하는 것이다. 근무 연차에 의해 직무역량이 늘어난다는 점을 고려하면 나이와 어느 정도 연관성이 있겠지만, 기본적으로는 나이와 무관하다.

그리고 직급을 세분화하게 되면 활동할 때 협력적 마인드는 더욱 늘어난다. 다른 직급의 직원들은 경쟁 대상이 아니므로 서로 활동의 질적(質的) 수준을 높이려 공동체적 관계를 형성하게 되기 때문이다.

호칭체계는 수평적 조직문화가 혁신성 · 창의력 · 기획력 · 실행력을 높인다는 측면에서 축소되는 방향도 무방하다.

• **고연령의 부하직원**

능력 위주 인사제도의 확산으로 인하여 많은 회사에서 젊고 유능한 인재를 대거 관리자로 등용하고 있다.

그러나 이러한 추세가 나이 많은 직원들에게는 아무런 이유 없이 퇴출되어야 한다는 자괴감으로 이어지고 있다. '나이는 숫자에 불과하다'는 어느 이동통신사의 광고 콘셉트가 무색한 상황인 것이다. 고연령 직원들의 풍부한 인적 네트워크, 풍부한 경험과 노하우야말로 향후 급변하는 4차 산업혁명의 기업환경 하에서 무엇보다 필요한 무형 자원이라고 할 수 있다.

기업 연령이 늘어나는 사회적 환경을 고려할 때, 이러한 나이 많은 '형님 부하직원'들의 증가로 인해 다양한 문제점이 발생한다. 입사 초기 동급·동기 직원들과의 직급 격차로 인하여 회사에 대한 업무의욕이 상대적으로 떨어진다는 점, 새로운 업무나 현 업무에 대한 문제점 발굴과 혁신에 다분히 보수적이라는 점, 그리고 나이 젊은 상사와의 관계 형성 시에 이미 업무에 대한 배려가 깊게 깔려 있어 평이한 일상(日常) 업무를 담당하고 있다는 점 등이 될 것이다.

ABS 경영에서는 직원들의 연령·성별과 무관하다. 오로지 직원들의 실력과 능력이 발휘되어 활동으로 연계시켜 나가면 되는 것이다.

▪ 비효율적 인력 운영

기업은 연초 각 조직단위 업무 분장을 토대로 적정 팀원 수를 정하여 직원의 배치와 충원을 결정하고 있다. 하지만 실제 업무를 수행할 때는 특정 기간 팀별 업무량이 급증하거나 급감할 수 있어서 인력의 과부족(過不足) 현상이 발생한다. 이에 따라, 어떤 팀은 업무가 넘쳐나고 어떤 팀은 업무가 줄어드는 불균형이 발생된다.

예를 들면, 투자 집행부서의 경우 투자비가 줄어든다든지 한꺼번에 많은 투자 집행을 단기간에 추진해야 한다든지 할 때 타 부서와의 업무량에 큰 차이와 변동을 나타낼 수 있다. 물론 부서장의 판단 하에 팀 간 업무량에 따라 팀 간 인력 이동배치나 담당 업무의 재분배를 시행할 수도 있지만, 통상적으로 인적자원에 대한 부서 이기주의가 있어 제대로 시행되기 어렵다.

왜냐하면 언제 있을지 모르는 자신의 업무 급증에 대비하여 인력 감소를 원치 않고, 평가가 목표대비 달성도를 기본으로 하기 때문에 혹시라도 인력이 부족해서 목표를 달성하지 못할 경우 어디 하소연하지도 못하기 때문이다. 또 적은 인력으로 최대의 성과를 낸다 하더라도 연말 업적평가 시에 이것에 대한 정교한 반영 여부가 극히 불투명하기 때문에 모든 팀 조직들이 인력 부족을 호소하면서 인력 차출을 방어하고 있다.

이에 반해 ABS 경영에서는 활동점수로 평가를 하기 때문에 업무량이 급증하면 오히려 실적을 높일 수 있는 절호의 기회가 된다. 업무가 조직 단위로 칸막이가 쳐져 있지 않다. 유사 업무를 담당하는 사내 직원들이 활동점수를 높이기 위해 적극적으로 참여할 것이다. 업무로 몰려가는 몰입경영의 개념이다.

• 관리조직의 비대

회사의 조직은 크게 사업부서와 관리부서로 나누어진다. 기업의 매출과 수익을 높이고 비용을 줄이기 위해서는 사업부서의 역할이 중요하고, 관리부서는 이를 적극 지원하는 형태로 모든 기업이 운영되고 있다.

그러나 대기업을 중심으로 관리부서 조직이 비대해져 가고 있는 추세이

고, 이에 따라 의사결정의 지연, 관리부서의 관리 · 감시 기능 강화, 사업부
서의 관리부서 지원을 위한 비효율적 업무 증가 등의 문제점이 발생된다.

예를 들면 전문경영인 기업의 경우 수익구조 개선이 가장 중요한 현안이
되기 때문에 직원 수를 줄이고, 각종 투자 · 비용들을 줄여 나가는 것이 일
반적인 방식이다. 이를 실행하기 위해서 관리부서를 추가 신설하고, 사업
부서는 신설된 관리부서와 연계된 유사 업무가 또 증가하면서 생산성은 뒷
전인 채 비효율적 오버헤드만 늘어가는 악순환이 계속된다.

이러한 관리문화의 강화는 직원들로 하여금 자율적인 사업 추진에 대한
열의를 꺾고, 주어진 일에만 나름대로 열중하고 '적당한 시점에 적당한 실
적결과만 내도 회사는 돌아간다'는 매너리즘적 생각에 빠지게 할 수 있다.

ABS 경영시스템에서는 기업의 전략과 경영목표를 지향하는 실제적인
업무가 우선되는 것이 기본 철학이다. 관리조직이 수행하는 업무는 인공지
능형 툴(Tool)화 될 것이다. 또 조직은 슬림(slim)화 된다. 새롭게 조직을 만
들어야 새로운 일을 하는 것이 아니다. 직원이 어디에 속해 있든지 업무에
활동으로 참여하면 되기 때문이다.

· 부서 간 업무 중복

기업이 성숙기에 접어들면 외형적 규모는 크게 증가하지만 성장이 정체
되면서, 성장 과정에서 발생하게 되는 비대해진 조직과 비효율적인 업무처
리 방식이 종종 문제된다. 즉, 부서 간 업무 중복 현상이 심화되어 내부자
원의 손실이 너무나도 많이 발생한다는 점이다.

예를 들면 의사결정을 담당하는 전략 · 계획 · 기획 · 설계 등 이름도 비

숫한 부서가 사업부서·관리부서에 너무 많이 만들어져 있다. 이에 따라 자신의 부서 성과에 치우친 의사결정을 한다든지, 의사결정에 이르는 기간이 길어진다든지, 의사결정 부서가 의사결정은 하지 않고 관련부서 소집을 통해 매일 '회의만 하다 볼일 다 보는 경우'도 흔히 발생되는 것이다.

ABS 경영은 업무중복의 비효율적인 조직 구조 문제를 자연스럽게 해결한다. 동일 업무실적은 활동으로 인정되지 않거나 활동점수의 마이너스 가중치를 받는다. 활동점수가 줄어드는 조직은 통합 대상이 된다. 이에 따라 자연스럽게 업무중복의 조직은 슬림화 된다. 참고로 대부분 회의는 활동점수를 받지 못하므로 회의 소집을 하더라도 참석할 직원이 없을 것이다.

· 직급 승진시험

직원들에게 있어서 직급 승진이 동기부여의 한 요소이기 때문에, 일정 기간 승진자격 요건이 갖추어지게 되면 인사고과, 근무성적, 교육이수 점수 등에 신경을 쓰게 마련이다. 그동안 바쁜 업무 때문에 받지 못하던 교육들을 한꺼번에 '몰아치기'로 다녀오는 경우도 흔히 보게 된다.

일부 기업은 승진 평가의 객관성을 위해 승진시험을 치른다. 문제는 보통 승진시험이 예정되면 수개월 전부터 승진시험에 대비하여 업무 '열외자'로서 업무를 등한시해도 되는 것이 관례처럼 되어 있다는 것이다. 만약 해당 연도에 승진이 되지 않으면 또 다음번 승진시험에도 이러한 일이 반복된다.

예를 들어 보자. 해당 직급에서 4년 이상의 승진자격 요건을 갖추고 업무 수행력이나 경험도 측면에서 우수한 기량을 보유하고 있는 직원이 승진

시험을 보기 위해 몇 달간 업무에서 열외 된다? 이것은 인적자원의 엄청난 손실이다. ABS 경영에서는 동일 직급에서 최상위 업적성과를 내는 직원들이 승급한다.

▪ 조직 내 편 가르기

혈연·지연·학연으로 엮여 있는 사회 구조는 회사 내에서도 있을 수 있다. 이를 통해 파벌을 형성하고 편 가르기라는 아주 나쁜 부작용을 낳을 수 있어서 기업들마다 강도 높은 관리를 지속적으로 해나가고 있을 것이다.

그럼에도 불구하고 방향 설정이나 문제 해결 과정에서 이들 특정 인맥 집단의 이기주의가 개입될 수 있다. 예를 들면, 의사결정 과정에서 반대편 인맥의 주장에 무조건 반대하거나, 장점이 있더라도 장점보다 단점만을 강조함으로써 결과 도출에 왜곡된 결과를 가져올 수 있다.

ABS 경영은 직원 개개인의 활동점수가 누적 관리되고, 순위가 공개되는 것을 원칙으로 하기 때문에 평가의 공정성과 경쟁의 투명성을 확보할 수 있다.

▪ '유리천장' 이슈

유리천장(Glass ceiling)은 여성이 조직 내에서 일정 서열 이상으로 올라가지 못하는 '보이지 않는 벽'을 표현한 말이다. 여성차별적 인사(人事)를 대변하지만, 우리나라에서 여성의 사회적 지위나 발언권의 상승으로 인하여 기업 내에서 여성이 차지하는 비중은 늘어나고 있는 추세이다. 즉, 특정 상품에 대한 여성들의 선택 및 구매 비중이 높기 때문에 여성 고객들의 입장에서 상품개발을 하기 위해서 여성 임직원 수를 늘려 나가고 있는 것이다.

물론 여성으로서 담당하기 어려운 업무를 고려하거나 결혼한 여성 직원에 대한 가사 영향도 등을 고려할 때, 여성에 대한 묵시적인 차별성은 존재한다고 볼 수 있다. 그런 점에서 여성 차별 이슈를 해소하고, 여성 직원들이 자신의 실력과 능력을 충분히 발휘하고 이를 공정하게 평가할 수 있는 경영시스템이 꼭 필요하다. ABS 경영은 가능하다.

기업 평가시스템 문제점

· 업적고과의 문제점

우리나라 대기업을 포함한 많은 기업들이 업적고과와 연동되는 상여제도를 운영하고 있다. '업적'을 통해서 정해진 기한 내(연봉제는 1년 단위) 직원들의 경영목표에 대한 공헌도와 달성도를 평가한다. 이러한 성과에 기초하여 '최상위 몇%, A 몇%, B 몇%, C 몇%, 최하위 몇%'로 업적고과를 배분하는데, 이런 방식은 많은 문제점을 가지고 있다.

1) 팀원 수의 많고 적음에 따라 직원 평가결과가 달라진다. 팀원 수가 많으면 통상적으로 최하위 등급이 부여된다. 업무 실적에 따라 공정한 평가가 이루어지지 않고 외적 요인에 의해 평가되는 것이다.

2) '승진대상자'가 많은 팀, 적은 팀, 없는 팀에 따라 평가의 희비가 갈린다. 예를 들어 팀에 승진대상자가 여러 명 있으면 승진과 무관한 직원은 좋은 평가를 받을 가망이 이미 없다고 봐야 한다. 즉, 팀마다 승진대상자 수에 따라 평가 결과가 다르고, 이들 경우의 수가 너무 많아 애초부터 공정성을 가지지 못한다. 더 큰 문제는 업무량이나 성과가 월등한 팀이 있어도, 다른 팀 직원이 승진할 때 '팀 잘 만나서 평가 잘 받고 상여도 많이 받고 승진도 빨리 한다'는 불공정

평가의 극치를 보여 주게 된다는 것이다. 이는 신규 사업으로 인력이 차출되거나 업무 효율화 등으로 팀 직원 수를 최대한 줄여 가고 있는 현 기업환경에서는 더욱 빈번하게 발생하고 있다.

특히 차장급에서 이러한 문제로 인해 장기간 업적고과를 잘 받지 못하면 의욕저하가 발생하게 되고, 이는 다방면의 전문지식과 경험을 지닌 차장급의 특성상 막대한 인적자원의 손실을 초래할 수 있다.

3) 팀장 평가가 그대로 팀원들에게 반영되는 경우도 있다. 업적성과에 대한 책임을 관리자와 직원이 함께 진다는 차원이다. 그러면 '어느 팀에 속해 있느냐', '팀장이 누군가'에 따라 직원들의 개별 평가 편차가 크게 차이가 나게 된다.

4) 연초 정해지는 업무 목표는 대부분 달성 가능한 목표들이다. 연말에 모두 달성하였다고 할 때 누구에게 A를 주고, 누구에게 B를 주어야 할지 그 수준이 정해져 있지 않다.

5) 팀 내 평가 결격 사유를 가진 직원이 있을 수 있다. 장기 휴가, 장기간 입원치료, 휴직자·교육파견자, 이직·전직대상자가 있는 경우이다.

이런 팀을 우리는 '축복받은 팀'이라고 얘기한다. 왜냐하면 관리자는 평가 시즌에 가장 스트레스를 많이 받는데, 그 이유가 하위 고과자를 정해야 하기 때문이다. 이런 직원이 있으면 고민이 없어진다. 만일 이런 직원이 없고, 적은 직원으로 많은 성과를 낸 팀에서 하위 고과자를 지정해야 한다면 관리자는 엄청난 스트레스를 받을 것이다.

이상과 같이 업적고과는 어떠한 개선 방안을 도입하더라도 각론적으로 보았을 때 너무나 불합리한 경우의 수가 많아 도저히 공정한 평가를 할 수 없는 구조로 되어 있다. 다시 말하면, 개개인의 능력과 성과를 기준으로 제대로 된 업적평가를 함으로써, 일한 만큼 적정한 보상과 승진의 기회를 공정하게 주어야 하지만, 아무리 열심히 하여도 평가기준 자체에서 이미 좌절하게 되어 있어 '조직 내 근무문화의 문제점'처럼 근무의욕의 상실로

그 후유증이 나타나게 된다.

ABS 경영에서는 평가를 하기 위한 조작이 필요 없다. 그냥 지금 현재의 누적 활동점수로 평가하면 끝이다.

• 목표관리평가의 문제점

업적평가의 도구로는 연초에 업무목표관리 시트(sheet)를 작성하고 연말에 이들 목표의 달성도를 기준으로 업적평가를 시행한다. 이런 방식 역시 많은 문제점을 가지고 있다.

1) 연초 업무목표를 수립하지만 시시각각으로 변화하는 시장환경에서 빠르게 업무목표를 변화시켜 가기 어렵다. 물론 중간 점검단계에서 사업계획을 바꾸고, 목표 수정의 절차를 가지지만, 업무량 조정에 따른 '직원 수 조정'은 이루어지기 어렵다. 이에 따라 업무가 폭증하는 부서가 발생하고 부서별 업무 편중현상이 발생하는 것이다.

   즉, 어느 팀은 '아무 일도 안 한다'는 표현보다는 '일이 없어서' 놀고 있고, 어느 팀은 일이 몰려 야근 · 휴일근무를 밥 먹듯이 해야 하는 경우가 발생되지만, 정작 연말 평가 시에는 앞서 말한 업적고과의 문제점으로 불공정한 평가가 이루어지는 것이다.

2) 목표관리 시트(sheet)에 기술된 업무만 달성하면 되기 때문에 새롭게 신규사업이 발생하더라도 목표달성에 대한 도전정신 등이 결여될 수 있다는 점이다.

   예를 들면 이미 애초부터 열심히 일해도 업적고과를 잘 받기 어려운 상황이 있을 수 있다. 즉, 팀 내에 자신보다 고(高) 호봉 직원이 있다든지, 몇 번씩이나 승진에 누락된 직원이 많이 있다든지, 자신이 금방 승진하였거나 승진한지 얼마 되지 않았을 경우이다.

이러한 상황에서 해당 직원은 일에 대한 도전 의식보다는 '남이 하겠지'라는 방관적 자세를 가지기 쉽고, 연말 즈음 막판에 목표관리 시트에 있는 업무만 끝내고 나서 '남들 다 받는 상예! 나도 떳떳하게 받을 수 있다'라고 생각하는 경우를 우리는 흔히 볼 수 있다.

3) 새로운 핵심 사업에 몰입하기 어렵다. 핵심 사업을 담당하지 않는 팀은 어차피 스포트라이트를 받고 있지 않기 때문에 상대적으로 덜 중요한 업무라도 '많이', '바쁘게' 하는 시늉을 해야 한다. 시장환경이 급변하여 핵심 사업을 더욱 빠르게 진행해야 되거나 사업 규모가 커져 더 많은 인력이 필요하더라도 이들에게는 '남의 일'이다. '그 업무가 잘되면 어차피 그 팀만 각광을 받게 되니까, 나는 나의 업무목표 리스트에 적혀 있는 업무만 완료하면 된다'는 식이다.

또 연구개발 · 생산 · 마케팅을 통해 매출로 나타나기까지 상당 기간이 소요되기 때문에 새로운 사업을 추진하는 부서도 단기적 성과에 집착하게 된다.

4) 연말 평가시즌에 접어들게 되면 평가를 잘 받기 위한 서류작업에 매진할 수밖에 없다. 물론 '1년 농사' 개념에서 단위조직의 평가를 잘 받아야 하는 것도 중요하지만, 이로 인해 업무활동의 공백기가 발생한다는 문제점을 지적하는 것이다.

ABS 경영은 팀 · 직원의 목표설정과 달성 여부를 점검하는 과정이 없다. 활동점수를 높이면 된다. 단지 4차 산업혁명 시대, 시시각각으로 변화하는 경영환경 · 경쟁환경 · 시장환경에서 민첩하게 대응하기 위해 프로세스 활동의 가감과 활동점수를 조절함으로써 회사 전체 경영목표 달성을 위한 몰입과 흐름을 조절해 나가는 것이다.

· 능력고과의 문제점

평가는 일반적으로 업무목표 달성도인 '업적평가'와 직무수행능력을 평가하는 '능력평가'로 구분된다. 여기서 '직무수행능력'은 직무를 수행하기 위해 직원이 갖추어야 할 전문지식과 직원이 가지고 있는 기획력·통솔력·표현력·이해력 등의 능력을 의미한다.

능력고과는 업적고과와 더불어 승진·승격 및 성과급여에 반영된다. 이 때문에 진정한 능력평가를 하기보다는 팀 내 승진자를 많이 만들기 위한 제2의 수단으로 운영되기도 한다. 따라서 평가시즌이 되면 평가자인 팀장은 팀원들의 수, 승진대상자 수를 감안하여 최적의 능력고과·업적고과 배분비율을 찾기 위해 컴퓨터 시뮬레이션까지 해야 하는 참으로 웃지 못할 일들이 벌어지곤 한다.

이에 반해 ABS 경영에서는 업적평가는 활동점수로 평가되고, 능력평가는 승진·승격 시 업무협조성·소통력과 관련된 인성평가 개념의 보팅(Voting)으로 반영된다.

· 연봉제

연봉제는 직원의 능력 및 실적을 참조하여 연간 임금액을 정하여 매월 분할·지급하는 임금 지급체계이다. 또 직원들의 업무 실적과 능력 평가를 통해 임금차등을 둠으로써 동기유발 효과와 생산성 향상을 도모할 수 있다는 측면에서 국내 대부분의 기업이 채택하고 있다. 그러나 실적 위주의 급여체계로 대변되는 연봉제 역시 여러 가지 단점을 가지고 있다.

1) 개인의 능력과 업무 실적을 자신의 직급에 맞게, 공정하게 평가하기란 불가능하다는 점이다. 예를 들어 연봉 4천만 원을 받는 대리 직원의 경우 '어느 정도의 일'이 내가 속한 부서와 직급 내에서 '어느 수준의 연봉'에 해당하는지를 뚜렷하게 구분할 수 있을까? 물론 미래에 어떠한 일이 벌어질지도 모르는 불확실성의 환경에서 이를 정의한다는 것 자체가 우스운 일이 될 수도 있다.

즉, 내가 수행하고 있는 업무가 나의 직급에서 어느 정도의 난이도를 가지고, 회사 목표에 대한 기여도가 어느 정도이고, 그럼으로써 그 정도(degree)가 내가 받는 4천만 원의 연봉 수준에 적당한지를 규정할 수 없다는 개념이다. 이러한 것들로 인해 직원들이 연봉제를 신뢰하지 않고 불만을 가지고 있다.

2) 일반적으로 연봉에 대한 부분은 직원들 간 비밀로 부쳐지지만, 개인주의 성향이 강한 미국 등의 서구사회와 달리 한국은 동료들 간의 정보 교류가 많아 공개될 가능성이 높다. 이때 동일 직급의 동료가 받는 연봉보다 자신이 더 적게 받는다면 근무 의욕이 저하될 위험이 있다. 또 앞서 얘기한 바대로 이미 업적고과를 잘 받기 어려운 환경에 있는 직원이라면 뭔가 열심히 일을 해 보고자 하는 동기부여 수준이 크게 줄어들 것이다.

ABS 경영은 동일 직급 직원들 간 활동점수로 평가받고, 순위가 공개되어 있다.

· 결과중심의 평가

기업의 평가와 보상은 다분히 결과 중심으로 행해진다. 중간 과정이 고려되기 어렵다. 물론 중간중간마다 목표 대비 현 수준의 피드백을 통해 방향 수정을 하고 있지만, 평가할 때는 업적 결과만을 따진다.

그러나 기업이 속한 경영환경이나 경쟁환경, 시장환경, 부서별 자원의 배분 정도, 업무 난이도, 연관 부서 간 친밀도 등이 모두 상이한 상태에서 결과만을 따지는 것은 불합리한 요소가 많다. 더구나 경영진의 의사결정에 따라 목표 달성이 지연되거나 성과가 미흡할 경우에도 결과만으로 평가하는 것은 무리한 점이 있다.

ABS 경영은 결과와 과정 모두를 중시하는 경영방식이다. 매번의 활동점수가 반영되고, 흐름(Flow) 경영을 통해 최상의 경영성과를 이끌어 가기 때문이다.

▪ 포상제도

대부분의 회사가 연말에 단체 포상이나 개인 시상을 통해 직원 공로를 치하하고 사기 진작을 도모한다. 통상적으로 연말 포상은 입이 떡 벌어지는 파격적인 인센티브를 제공하기 때문에, 회사 이익이나 발전을 위하여 현격한 공적이 있는 직원들 중에서 엄선하여 선발할 것이다.

그러나 포상제도의 취지나 긍정적 효과보다는 대부분 직원들의 사기를 떨어뜨리는 부정적 효과가 많다는 점을 지적하고 싶다. 일반적으로 경영에 지대한 영향을 주는 사업은 한 개인의 공로나 한 부서만의 참여로는 이루어질 수 없다. 수많은 부서 내 직원들의 참여가 불가피한데도 특정인, 특정 부서로 포상을 한정하면 오히려 불만을 야기할 수밖에 없다는 점이다. 또 선발 과정에서 임직원들 간에 편 가르기나 파벌을 조장할 수도 있고, 한 번씩 돌아가며 선발하는 나눠 먹기식이 될 수도 있다.

그리고 당연히 해야 할 업무인데도 한번 타 보려고 크게 포장할 수도 있다. 포상을 받기 위해 다른 업무는 하지 않고 근거 자료를 만들고, 인터뷰하러 다니는 데에 엄청난 시간을 소비하게 된다. 이른바 '가공'과 '조작'이 난무한다. 제도 자체가 업무 공백의 비생산 요소와 불공정을 야기하는 것이다. 어떤 공적의 경우는 시간이 지난 후 재평가했을 때 오히려 과실로 바뀔 수 있는 것들도 있다.

ABS 경영에서는 활동점수 기준으로 최상위자, 최상위 부서를 대상으로 곧바로 선발된다.

▪ 해외출장자 평가

회사에서는 선진 경영 혹은 선진 기술 습득을 위하여 해외 전시회나 글로벌 기업탐방 등으로 해외출장을 다녀오게 된다. 직원들에게는 세계적인 기술 흐름을 체험할 수 있는 좋은 기회가 되고 있다.

그러나 엄밀히 얘기하면 업무 공백이 발생하는 것이다. 특히 적은 직원 수로 많은 일을 담당하고 있는 팀의 경우, 해외출장을 보낸다는 것 자체가 더더욱 어렵다. 출장 나가는 직원의 업무를 누군가 승계하여야 하기 때문에 팀 내 업무는 가중될 것이다. 그렇다면 일 많고, 팀원 수 적은 팀에서는 해외출장을 가면 안 되는가?

물론 해외출장을 보내지 말자는 개념은 아니다. 당연히 회사 여건이 되는 만큼 자주 나가야 되겠지만, 업무성과 측면에서는 분명히 부작용이 있다는 점을 얘기하는 것이다.

ABS 경영에서는 사람이 적을수록 유리하다. 활동점수를 높일 수 있기 때문이다. 해외출장자 업무를 다른 직원이 수행하여 활동점수를 받으면 된다. 양자 모두에게 불만이 없을 것이다.

기업 경영관리 문제점

• KPI 목표관리시스템

KPI(핵심성과지표, Key Performance Indicator)는 회사 경영목표를 성공적으로 달성하기 위해 핵심적으로 관리해야 하는 '성과지표'이다. 각 사업부서는 이를 다시 구체화하여 주기적으로 측정 · 평가하고 문제를 해결해 감으로써 수익성과 경영목표를 달성해 나간다.

KPI 특징으로는 관리할 만큼 중요하고, 통제 가능하고, 측정 가능하여야 한다는 것이다. 예를 들어, 경영목표가 '고객만족극대화'라면 KPI로는 '고객만족지수'가 될 것이고, 이를 해결하기 위한 세부 KPI 항목으로는 '고객클레임건수'를 지정할 수 있을 것이다.

KPI 사례

KPI를 활용한 목표관리는 다음과 같은 문제를 가지고 있다.

1) KPI 달성이 업적평가와 연계되기 때문에 달성 가능한 수준으로 목표를 수립한다. 왜냐하면 도전적으로 목표를 설정해서 달성하지 못하게 되면 성과급이 줄어들기 때문이다. 리스크가 있고 애초 달성이 어려운 KPI는 제외하려 할 수 있다.

2) 부서 단위로 KPI를 세분화하다 보면 경영성과에 직접 관련 없는 KPI 지표가 선정될 수 있다. 즉, 달성하기 복잡한 지표는 꺼리고 쉽게 통제 가능한 지표를 선호하게 된다. 이에 따라 연말에 KPI는 모두 달성했는데 전사 경영성과는 전혀 변화가 없는 상황이 발생하는 것이다.

3) 경영환경 변화로 KPI가 변경되어야 하지만, 새로이 정의해서 다시 시작하는 것을 주저한다. 특히 현재 성과가 달성 가능한 수준에 근접해 있다면 괜히 일 벌리다 목표 달성을 못할 수 있기 때문에 그냥 덮어 두고 넘어가려 할 것이다.

4) 목표 대비 초과달성을 할 수 있어도 좋은 평가를 받을 수 있을 정도로만 끝내고 더 이상 일을 하지 않는다. 왜냐하면 평가부서로부터 애초 목표를 잘못 선정했다는 비난을 받을 수 있고, 다음 년도에 가혹한 목표를 부여받을 수 있기 때문에 페이스 조절을 하는 것이다.

5) 부서 간에 KPI가 상충되는 경우, 한쪽은 평가에 불이익을 받게 된다. 통상적으로 비용 필요부서와 통제부서 간에 발생한다. 즉, 나의 KPI를 달성하기 위해서는 비용이 필요하지만 비용 통제부서는 비용 절감이 KPI이기 때문에 입장이 상충된다. 통상적으로 비용 통제부서의 힘이 세기 때문에 비용을 받기 위한 처절한 노력이 필요하지만 자괴감마저 들 수 있다.

ABS 경영에서는 팀·직원의 KPI 목표와 평가과정 없이 오직 활동점수로 평가받는다. KPI는 시스템적으로 자동 산출되고 전사 KPI가 극대화되도록 시스템적으로 운영된다. 경영환경에 따라 성과지표의 우선순위를 변화시켜 프로세스 활동점수를 차등적으로 부여함으로써 직원들의 활동 방향을 이끌어 가는 것이다. 새로운 몰입경영, 흐름(Flow) 경영의 개념이다.

- BSC(균형성과지표) 관리

BSC(균형성과지표, Balanced Score Card)는 4가지(재무 · 프로세스 · 고객 · 학습과 성장) 프로세스 관점의 성과지표를 도출하여 균형적으로 관리하는 성과관리 시스템이다. 예를 들면, 재무 관점은 '비용절감', 프로세스 관점은 '생산라인 가동율 증대', 고객 관점은 '고객만족도 향상', 학습과 성장 관점은 '직원역량 강화'라는 성과지표를 만들어 측정하고 관리한다. 이러한 BSC(균형성과지표)도 KPI(핵심성과지표)와 유사한 문제점을 가지고 있다.

1) 급속한 경영환경 변화, 기업경쟁의 심화, 고객니즈의 다양화, 급속한 기술진보에 따른 신기술 개발 등으로 연초 설정한 BSC들이 수시로 변경되어야 하지만, 제대로 적응하기 어렵다.
이미 운영되고 있는 지표에서 새롭게 프로세스를 추가하고, 새로운 지표들을 실시간으로 대응하는 것은 거의 불가능하다. 왜냐하면 성과지표 단위로 하부 조직까지 상세한 직무분장이 이루어져 있는데, 경영전략의 변화로 성과지표가 변경되면 조직 변경과 직무 분장을 다시 해야 되기 때문이다. 이에 따라 기업경영활동 결과를 보고하는 수준 정도로 운영되고 있다.
2) KPI와 마찬가지로 BSC 성과지표도 전 직원들이 활동에 집중하지 않음으로써 유명무실해질 수 있다. 예를 들어 '비용절감' 지표라면 대부분의 팀은 노력은 하지만 절실하지 않다. 자신의 성과지표가 따로 있고, 비용절감을 메인 지표로 가지는 팀이 따로 있기 때문이다.

ABS 경영에서는 어떻게 될까? 예를 들어, 비용절감 활동에 자신들의 기본 업무 대비 10배의 활동점수가 부여되었다면 아마도 비용절감 활동에 직원 모두가 몰입하게 될 것이다.

- **식스시그마**(six sigma)

식스시그마 관리 기법은 생산 · 품질관리 · 물류 · 영업 등의 각종 프로세스에서 통계적 측정방법을 활용하여 문제를 개선하고 비용절감을 꾀하는 선진 경영관리기법 중의 하나이다. 많은 기업들이 활용하고 있고, 식스시그마 교육 과정을 통해 블랙벨트, 그린벨트 등 식스시그마 전문가를 양성하고 있다. 그러나 식스시그마 운영에도 문제점이 다수 있다.

1) 식스시그마를 조금 운영하다 보면 실제적인 문제해결보다는 형식적으로 추진된다는 점이다. 즉, 1년에 블랙벨트 몇 명, 그린벨트 몇 명, 식스시그마 과제 몇 건 등이 성과지표가 되는 것이다.
2) 식스시그마 전문가가 되기 위해서는 6개월 정도 조직 본연의 업무에서 벗어나 전담하여야 한다는 점이다. 직원 한 사람이 빠진다는 것은 누군가 그 업무를 대신하여야 하기 때문에 다른 직원들에게는 업무 가중(加重)의 형태로 나타나게 된다.
   따라서 연말 업적평가 시에 '평가의 딜레마'에 빠지게 된다. 식스시그마 과제를 수행한 직원이 우선인가, 아니면 현업 업무를 한 직원이 우선인가? 양쪽 모두 불만을 가지고 있다.
3) 식스시그마 결과물들은 기존 프로세스나 활동을 개선하는 내용이다. 따라서 다른 직원들에게는 추가 업무로 다가오기 때문에 양쪽 직원들 간에 '보이지 않는 벽'을 만들게 된다.

4) 일반적인 통계적 분석을 통해서도 문제 해결을 쉽게 할 수 있음에도 불구하고, 몇 개월 걸리는 구조화된 방법론 절차를 따른다는 점이다. 물론 과제 선정 시에 검증과정을 거치지만 전문가 몇 명, 과제 몇 건이라는 지표를 달성하기 위해 단순 과제를 수행하기도 한다.

이상과 같이 식스시그마는 품질 개선, 비용 절감을 크게 개선할 수 있는 경영 툴임에도 불구하고, 기존 직원들과의 업무 분장이나 업무 실적평가 시의 괴리 등으로 사내 확산의 저해요소로 작용하고 있다.

ABS 경영에서는 활동을 할 경우에만 점수가 부여되고, 활동의 수준이 높을 경우에는 가점이 부여된다. 품질개선이나 비용절감 활동을 수행할 때 식스시그마를 적용하게 되면 당연히 성과의 수준은 높아질 것이다. 이럴 경우 활동점수에 가점이 추가되기 때문에 직원들은 스스로 문제해결 능력을 키우기 위해 식스시그마를 배워 갈 것이다.

▪ 인수합병기업의 경영관리

4차 산업혁명이 거대한 물결처럼 밀려들고 있다. 인수합병은 급격히 발전하는 기술변화에 가장 빨리 대응할 수 있는 방법 중 하나이다. 신속한 시장진입, 원천기술 획득, 우수인재의 확보, 해외로의 진출 등 여러 가지 목적으로 추진된다.

통합과정(PMI, Post-Merger Integration)에서의 가장 중요한 요소는 조직 안정화와 인적자원관리이다. 공정하지 못한 평가제도, 미래에 대한 불안 등은 핵심인재의 사기 저하와 이직률 증가를 초래한다. 즉, 성장 비전을 제시하고 조직문화 관리, 그리고 출신에 관계없는 능력위주·성과위주의 인사관리만이 통합의 시너지를 지속시켜 갈 수 있다.

현재의 경영시스템으로는 많은 한계가 존재하리라 본다.

▪ 다양한 기업경영시스템

BSC(균형성과지표)의 4가지 '재무 · 프로세스 · 고객 · 학습과 성장' 관점별로 여러 기업경영시스템들이 운영 중이다.

다양한 기업경영시스템

1) ERP (전사적자원관리: Enterprise Resource Planning)

ERP는 기업 내 '재무, 회계, 영업, 개발, 구매, 생산, 물류' 등 모든 경영 활동 프로세스를 통합 관리하여 경영자원의 효율화를 기하는 경영시스템이다.

2) BPR (Business Process Re−engineering)

BPR은 모든 업무를 프로세스 관점으로 재설계하여 비용, 품질, 생산성 향상을 극대화하는 경영혁신기업이다.

3) ABM (활동기준경영: Activity Based Management)

ABM은 모든 프로세스별 활동에 대하여 원가를 산출하고, 비용이 많이 소요되는 활동에 대해서 개선을 추진하는 경영기법이다.

4) CRM (고객관계관리: Customer Relationship Management)

CRM은 고객과 관련된 자료를 분석하고, 고객 특성에 맞게 효과적인 마케팅활동을 할 수 있도록 하는 고객관리 툴이다.

5) KM (지식경영: Knowledge Management)

KM은 개개인의 지식을 축적하여 공유함으로써 조직 전체의 문제해결 능력을 향상시키는 경영방식이다.

이와 같은 기업경영시스템들은 경영목표 수립과 실행을 지원하고, 프로세스 측면, 재무적인 측면, 비재무적인 측면에서 지표관리를 함으로써 기업 경쟁력을 확보하고 기업 가치를 극대화할 수 있는 선진 경영 툴이다. 그러나 일부 기업경영시스템들이 도입 후 크게 주목을 받지 못하는 이유는 급속한 환경 변화에 즉시 따라가지 못한다는 점과 기대 이상의 경영성과 향상을 보이지 못하기 때문일 것이다.

이상과 같이 조직 내 근무문화, 인사문화, 평가관리, 경영관리에서 발생할 수 있는 비생산적·비효율적인 문제점들을 ABS 경영과 견주어 살펴보았다. 독자들의 이해를 쉽게 하고자 다소 문제가 과장되게 표현되었을 수도 있다는 점을 감안해 주기 바란다.

이제부터 ABS 경영을 좀 더 세부적으로 알아보기로 한다.

ABS Activity Based Scoring
경영의 정의

• 몰입경영 개념

경영목표로의 활동 몰입

경영목표와 연계된 프로세스에 경영점수와 활동점수를 차등적으로 배정
함으로써 직원 업무활동을 몰입해 간다. 즉, 직원 활동을 중요도와 우선
순위가 높은 경영목표를 지향하게 한다는 개념이고, 시시각각으로 변화
하는 시장환경에 민첩하게 대응할 수 있다. 예를 들어 특정 사업에 전략
적 집중이 필요할 경우, 경영점수와 활동점수를 실시간으로 높여 가면
된다.

조직의 몰입

일이 몰리거나 예상치 못한 경영환경 변화로 단위 조직의 업무량이 변동
하면 인력의 과부족(過不足)이 발생한다. 활동점수를 가감하여 특정 활동
직원 수를 증가시킴으로써, 조직 전체의 몰입을 유도할 수 있다.

혁신에의 몰입

1등하는 기업은 현실에 안주하게 되고, 새로운 시장변화와 새로운 경쟁을 무시한다. 다른 거대한 물결을 보려 하지 않고 1등 사업 규모를 더 키우는 데에 역량을 집중한다. 자신이 있기 때문이다. 새롭게 거대한 물결을 추진하는 조직이라도 생기면 사일로(silo)를 만들어 도와주려 하지 않는다. 혁신과 변화를 싫어하는 '1등의 저주'이다. 과거 아날로그 기술의 최강자 모토로라가 그러했고, 디지털 휴대전화 최강자 노키아가 스마트폰 흐름에서 그러했다.

ABS 경영에서는 새로운 사업 프로세스의 활동점수를 높이고, 기존 사업 프로세스의 활동점수를 낮추면 직원 활동은 옮겨 간다. 혁신도가 높은 사업으로 활동을 몰입하게 한다.

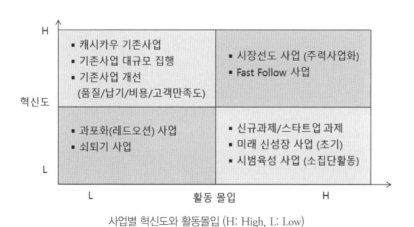

사업별 혁신도와 활동몰입 (H: High, L: Low)

참고로 기존 사업은 '직무 노화'가 진행되어 있다. 아마도 경쟁사 동향에 따라 투자사업규모만 조절하면 될 것이다. 물론 기존 사업에서도 신규 제품이나 서비스가 도입될 수 있지만, 업무 추진 방식이 이미 형식화되어 있기 때문에 이러한 활동들에는 활동점수를 줄여 가게 될 것이다.

만약 사업 구조적인 변형을 가진다면 이는 이미 기존 사업의 범주에 속하지 않는다. 예를 들어, 4세대 망에서 5세대 망 사업은 구조적 변화가 있기 때문에 기존 사업 영역이 아니라 신규 사업이라는 개념이다.

업무몰입도 개선

직원들은 활동을 수행하여야만 활동점수를 받게 된다. 사무실 자리에 앉아 있기만 한다든지, 의미 없는 회의로 시간을 보낸다든지, 개인사(個人事) 등의 근무 시간 낭비적 요소는 곧바로 활동점수 저하로 나타난다. 활동점수 저성과자에 대해서는 성과 진단이 수시로 진행되기 때문에 직원들 스스로 업무 몰입에 나설 수밖에 없다.

ABS 성과관리는 6개월, 분기, 월단위로도 평가를 할 수 있다. 과거 입원치료, 교육 등 단기적 성과저하가 연말까지 이어져 어쩔 수 없이 저성과자가 되는 폐단을 막기 위해, 평가를 빨리 끝내고 다시 업무에 복귀하여 몰입할 수 있다.

▪ 업적성과 변동 매트릭스(Matrix) 관리

직원별로 '주어진 시간'에 경영목표와 연계한 '업적성과를 양산하는 정도'는 근무문화 · 기업문화 · 조직문화 · 평가문화와 밀접하게 연결되어 있다. 이를 다음의 업적성과 변동 매트릭스로 설명하고자 한다.

개인별로 하루에 0 ~ 1.0점 업적성과를 낸다고 가정했을 때, 10일 동안 개인이 낼 수 있는 업적성과 분포도는 다음 매트릭스와 같다. 시간과 성과의 질 간의 상관관계를 보여 주는 개념이고, 음영 부분(0.9, 1.6, 2.5, 3.6, 4.9, 6.4)이 '업적성과의 평균값이 변동해 나가는 경로(Path)'(이하 '업적성과 변동 Path') 이다.

1.0	2.0	3.0	4.0	5.0	6.0	7.0	8.0	9.0	10.0
0.9	1.8	2.7	3.6	4.5	5.4	6.3	7.2	8.1	9.0
0.8	1.6	2.4	3.2	4.0	4.8	5.6	6.4	7.2	8.0
0.7	1.4	2.1	2.8	3.5	4.2	4.9	5.6	6.3	7.0
0.6	1.2	1.8	2.4	3.0	3.6	4.2	4.8	5.4	6.0
0.5	1.0	1.5	2.0	2.5	3.0	3.5	4.0	4.5	5.0
0.4	0.8	1.2	1.6	2.0	2.4	2.8	3.2	3.6	4.0
0.3	0.6	0.9	1.2	1.5	1.8	2.1	2.4	2.7	3.0
0.2	0.4	0.6	0.8	1.0	1.2	1.4	1.6	1.8	2.0
0.1	0.2	0.3	0.4	0.5	0.6	0.7	0.8	0.9	1.0

업적성과 변동 매트릭스

4개의 4분면에서 왼쪽 위를 1상한, 시계방향으로 2상한, 3상한, 4상한이라 할 때, 현재 대부분의 기업은 4상한에서 업적성과의 분포를 가진다고 볼 수 있다.

ABS 경영을 통하여 주어진 근무 시간 내 직원들의 몰입도 향상과 업적성과의 질을 높일 경우, 4상한에서 '업적성과 변동 Path'를 따라 2상한까지 이동하게 될 것이다. 이때 기업의 업적성과는 얼마나 향상 될까?

'100명의 표본집단, 평균값 0.9, 표준편차 0.3, 4상한 영역'의 업적성과

누적 점수는 91점이다.[1] 동일 조건에서 각 '업적성과 변동 Path'의 평균값들 (1.6-2.5-3.6-4.9-6.4)을 기준으로 업적성과누적 점수를 구하면, 각각 161 점, 251점, 354점, 490점, 645점이 된다. 최초 4상한 영역의 업적성과누적 점수 91점과 비교할 때 1.8배, 2.8배, 3.9배, 5.4배, 7.1배 수준으로 변동 하게 된다.

즉, ABS 경영을 도입할 경우 최대 7배의 업적성과를 낼 수 있다는 개념 이다. 이때 2상한에서의 직원들은 모두 양적으로나 질적으로 높은 실적을 내고 있다고 볼 수 있기 때문이다.

생각해 보라! 현재 대비 7배의 업적성과를 내고, 이들 업적성과가 경영 전략과 목표를 지향하고 있다면 이미 세계 최고의 기업이다. 1년에 한 번 씩 변동 Path를 옮겨 간다고 가정하면 5년 만에 최고 퍼포먼스(performance) 조직이 만들어진다는 의미이다.

ABS 경영시스템은 직원들의 활동점수를 토대로 평가 기간 내 조직별 업 적성과 평균값, 표준편차 등을 관리하고, '업적성과 변동 Path'를 모니터링 하고 관리해 나갈 것이다.

- **역파레토 법칙**

"상위 20%가 80%의 기여를 한다." 이탈리아 경제학자 파레토의 법칙이 다. 비즈니스 측면에서는 "20%의 고객이 80%의 매출을 올려 주고, 20%의 핵심 인력이 80%의 성과를 낸다."로 해석될 것이다. '역파레토 법칙'은 "꼬

---

1) MINITAB(표본=100, 평균값=0.9, 표준편차=0.3)

리부분(하위) 80%가 상위보다 더 기여한다."는 개념이다. '롱테일(Long Tail) 법칙'과 동일하다.

이제 이 '역파레토 법칙'은 개념이 바뀌어야 할 것 같다. "상위 80%가 압도적인 기여를 한다."가 될 것이다. ABS 경영은 경영목표를 지향한 업적성과 양산(量産)에 직원들의 끊임없는 활동과 경쟁을 유도하고 있어서, 대다수 상위 80% 직원이 핵심적인 성과를 내고, 20%의 직원만 저조한 성과를 내는 구조가 될 것이라는 의미이다.

아래 사진으로 설명해 볼까 한다. 신분당선 강남역 출구 모습이다. 종점이기 때문에 나가는 방향만 있다. 에스컬레이터 두 개에 각각 좌우 두 줄이 서고, 계단은 세 줄로 올라간다. 걸어 올라가거나 가만히 서서 올라가거나 모두가 한 방향으로 몰려간다. '역파레토 법칙'으로 따지면 100%가 몰입하는 것이다.

신분당선 강남역 출구. 모두가 한 방향으로 나가는(몰입하는) 모습이다.

• 흐름경영 개요

활동경로 유연성

유연성의 의미는 사업별로 프로세스가 나뉘어져 있지만 활동경로는 프로세스를 넘나들게 형성될 수 있다는 개념이다.

다음 장 그림을 참조하여 예를 들어 본다. 경영점수가 1점인 사업 A가 있고 사업 B가 새롭게 시작된다고 할 때, 새로운 사업 B에 주력하기 위해서 경영점수를 높여 5점으로 부여하였다. 이렇게 되면 유사업무를 수행하는 사업 A 활동부서는('a2, a3') 사업 B 활동('b2')에 적극적으로 참여하게 될 것이다. 왜냐하면 활동점수가 10배, 20배가 차이 나기 때문이다.(a2, a3 활동점수는 각각 0.2점, 0.1점이고, 활동 b2는 2.0임)

따라서 사업 B를 추진할 때 소수의 태스크포스(TF)팀만 만들어도 신속하게 추진할 수 있다. 사일로(silo) 문제를 해결하여 인적자원 효율화와 조직 슬림화를 달성할 수 있다.

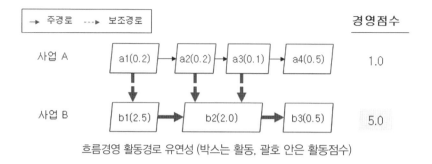

흐름경영 활동경로 유연성 (박스는 활동, 괄호 안은 활동점수)

활동경로 유연성 사례 (주력 사업 변경)

사업 A · B · C가 있다. 기존 경영방식에서는 연초 사업별로 성과지표 수준과 투입되는 자원을 결정하여 팀 단위 목표를 부여하여 일하고 있을 것이다. 기업 환경이 변하여 사업 C쪽으로 주력 사업을 변경하려 한다고 가정하자.

A, B 사업의 조직은 변화에 소극적일 것이다. 사업 C 업무가 연초 목표에 없었고, 사업 C 업무를 열심히 해도 사업 C 조직만 좋은 평가를 받기 때문이다. 리더의 설득과 비전 제시로 연말 정도 되어서야 사업 구조 변경을 위한 조직개편을 시행한다. 조직개편 이후 주력 사업 C와 연관된 개인 목표들이 잡히고 나서야 본격적으로 업무가 수행된다. 주력 사업 변경을 결정한 지 무려 6개월 내지 1년 정도가 지나서야 본격적인 활동을 하게 되는 것이다.

ABS 경영에서는 어떻게 될까? 사업 C로 사업 집중을 결정한다면 프로세스상에서 사업 C 경영점수를 높여 버린다. 모든 직원들은 활동점수가 높은 사업 C 활동으로 자동으로 몰릴 것이다. 의사결정에서부터 직원들의 활동 변화까지, 단 며칠이면 족하다.

활동 생성 · 변형의 민첩성

급속히 변화하는 경쟁환경이라면 프로세스 내 활동을 신속하게 신설 ·
변경 · 제거할 수 있어야 한다. 과거 선진 경영기법들이 시간이 지나면서
유명무실해지는 주된 이유는 시시각각 변하는 환경적 변화에 신속하게
적응하지 못했기 때문일 것이다.

프로세스 생성을 포함하여 활동을 추가하는 사례를 살펴보자. 프로세스
가 생성되면 자동으로 활동객체박스가 형성되고, 활동을 정의하고, 경
영점수를 부여한 다음 활동별 점수를 부여하면 스타트(start)된다. 활동을
추가해야 할 경우에는 전방(Front), 후방(Back) 활동과의 연계관계를 고려
하여 삽입하고, 활동정의, 활동점수 조정 후 스타트(start)하면 끝이다.

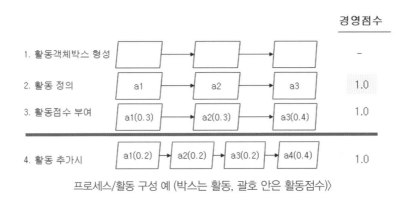

프로세스/활동 구성 예 (박스는 활동, 괄호 안은 활동점수)〉

프로세스 혹은 활동이 새롭게 생성되면 관련 직원들에게 공지되고, 직원
들은 신속하게 활동을 시작하여 성과를 내게 될 것이다.

• 활동 흐름의 병렬성

특정 팀(직원)은 특정 프로세스에만 속하지 않고 여러 개의 사업 프로세스에서 주 활동을 할 수 있을 것이다. 또 업무가 유사한 보조 활동으로서 업무활동에 참여할 수도 있다.

주 활동 경로가 없을 경우 스타트업 시범사업이나 개량·개선 업무를 트리거(trigger)하여 활동성과를 지속적으로 양산한다. 즉, 연간 기준으로 보면 지속적으로 활동 흐름을 병렬적으로 수행하여 성과를 내는 형태를 보일 것이다.

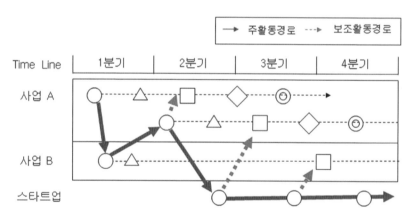

활동 흐름의 병렬성 예 (업무구분: ○=망설계, △=장비개발, □=망구축,
◇=품질확보, ◎=망운용. 망설계(○) 팀 기준의 활동경로를 표시함)

이동통신 네트워크 업무를 예로 들어 보자. 망설계, 장비개발, 망구축, 품질확보, 망운용 다섯 단계로 업무가 구분되고, 4세대 망 사업(사업 A), 5

세대 망 사업(사업 B)이 있다고 가정하자.

망설계 업무('○')는 망구축 업무('□')와 유사하다. 따라서 불연속되는(중간 중간 활동의 공백개념) 활동흐름을 없애고 성과를 많이 양산하기 위하여 직원들은 활동 흐름을 병렬적으로 가져가게 된다.

▪ 흐름 분석

프로세스 활동을 통하여 성과지표 향상과 경영목표 달성을 이룰 수 있기 때문에 프로세스별로 실시간적인 활동 분석 툴(tool)이 필요하다.

균형적 흐름의 분석
특정 활동에 집중되거나 활동이 부족한 불연속 프로세스를 진단한다. 대기 활동 및 지연 활동, 프로세스 리드타임, 특히 성과지표에 직접적인 활동에 대한 관리에 유념한다.

또 활동점수 산출, 참여 인력 산출 등을 통하여 활동의 낭비적 요인을 없애고 효율성을 극대화한다. 그리고 의사결정 지연으로 인해 활동 흐름이 중단되는 것을 방지하기 위하여 의사결정 시점(point)과 의사결정 지연 여부 등도 보여 준다. 의사결정권자가 결정을 빨리 행사하게 함으로써 의사결정 시점을 단축시키고, 권한과 책임, 자율권을 강화할 것이다.

성과지표 제공
KPI(핵심성과지표)를 자동 산출하여 경영목표가 제대로 달성되고 있는지를 측정하고 평가한다.

비용, 품질, 납기 등의 목표 대비 추세를 보고 프로세스 활동에 피드백한다. 이에 따라 특정 활동에 집중하기 위해 활동 수, 활동점수 수준을 가변 조정한다. 부가가치를 창출하지 않는 지표는 아예 활동 제거도 가능하다. '마스터그룹'이라는 사내 전문가 집단이 이를 수행한다.

▪ 직원들의 경영 흐름 이해

경영환경(예, 경기(景氣)), 시장환경(신제품 출현), 경쟁환경(경쟁자 출현) 변화에 적응적으로 경영목표·성과지표들이 변경되어 갈 것이다. 고객니즈 다양화, 고객 수요 변화, 급속한 기술진보에 따른 신기술 개발 등으로 프로세스의 가감, 활동의 변형 등이 수시로 이루어질 것이다.

직원들은 이러한 경영 흐름을 이해하고, 자신의 업무활동이 어느 프로세스에 속하고, 기업전략·목표·성과지표를 지향한 어떤 역할을 담당하고 있는지를 파악하고 있어야 한다. 또 시스템 내 프로세스와 활동점수 변동을 빨리 인식하고 더 높은 활동점수를 받기 위해 활동을 변화시켜 가야 한다.

물론 관리자의 역할 변화도 있겠지만, 직원 자신들이 앞으로의 방향을 파악해서 필요한 직무역량을 키워 가야 한다. 왜냐하면 ABS 경영에서는 멀티플레이어가 기본 방향이기 때문이다.

생각해 보자! 새로운 프로세스가 셋업되고 활동 흐름이 공지된다면 직원들은 이미 활동에 몰입할 올스탠바이(all standby) 상태가 되어 있을 것이다. '경영 따로 업무 따로'가 아닌 경영 흐름과 정방향의 직원 몰입활동인 것이다.

4차 산업혁명으로 일컬어지는 변화무쌍한 미래경영에서 가장 중요한 요소는 미래예측력과 직관력이 될 것이다.

기업 내 문제들을 소통과 경청으로 풀어내고, 비전을 향해 한 방향으로 직원들을 이끌어 가는 종래의 경영자 조건들은 그 가치가 줄어들 것이다. 과거 공정하지 못한 성과관리로 인해 직원들의 비몰입적 요소를 먼저 해결하여야만 경영성과를 낼 수 있었기 때문일 것이다.

ABS 경영에서는 몰입경영, 흐름경영이 기본적으로 백업되기 때문에 미래 예측, 불확실성의 구체화, 혁신 사업모델 개발, 의사결정, 추세 변화에 따른 실시간적 파인 튜닝(Fine Tunning) 등이 주요 경영시스템 요소가 될 것이다.

• 미래의 현실

2011년 스페인 바르셀로나에서 열렸던 모바일월드콩그레스(MWC)에서 있었던 일이다. 저녁을 먹기 위해 어느 씨푸드(seafood) 식당에 갔었다. 중국인들로 모두 예약이 꽉 차 있어서, 어렵사리 입구 쪽에 겨우 자리를 구하여 저녁을 먹는 상황이었다. 식사 후 떠들썩하게 무리 지어 귀가하는 중국인들을 보니, 20대 중반쯤 되어 보이는 수백 명 직원들 중간중간에 30대 초반으로 보이는 관리자가 인솔하고 있었다. 우리의 80년대, 90년대 초의 모습 그대로였다. 젊은 패기와 열정으로 밤낮없이 일하며 현재의 한국을 만들었다. 그들도 그렇게 하고 있었다.

'젊은' 중국에는 거칠 것이 없다. 2011년 이후, 비즈니스 카피캣(copycat)이라는 오명에서 시작해 이제는 그들의 롤모델들을 넘어서고 있다. 이동통신 분야에서도 중국의 발전 속도는 놀라울 정도이다. 통신장비에서는 이미 우리보다 기술력이 앞섰다 해도 과언이 아닐 것이다. 우리의 미래에 대해 불투명하고 부정적인 시각이 커져 가고 있는 이유이다. 고령화되어 가는 한국 사회! 더욱 가혹한 경영시스템과 몰입 없이는 살아남기 어려울 것이다.

· 미래 예측의 딜레마

미래경영의 중요한 요소가 미래예측력이라고 한 바 있다. 시장성, 기술성, 미래지향성 등의 세부 요소가 있겠지만 모두가 불확실성을 띠고 있다는 점이 딜레마일 것이다.

시장성 · 수요예측의 딜레마

2009년 정부에서 2013년도까지의 스마트폰 가입자 수를 예측 발표한 바 있다. 무선데이터 활성화로 2013년 스마트폰 가입자가 400만 명이 된다는 내용이다. 실제는 3750만 명을 넘어섰다. 이 데이터를 인용하는 이유는 미래예측을 잘했나 못했나를 따지려는 것이 아니라, 수요예측의 딜레마를 표현하려고 하는 것임을 이해해 주기 바란다.

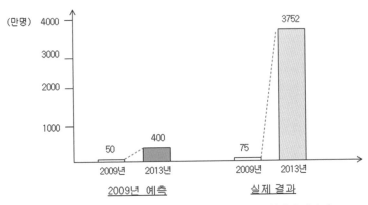

스마트폰 가입자 수 예측 〈출처: 연합뉴스, 방송통신위원회 홈페이지〉

2007년에 아이폰이 출시되어 전 세계적으로 인기를 끌고 있었고, 국내도입을 앞둔 상황에서도 스마트폰 가입자 수 전망은 불투명했다. 무선인터넷 수요 부족, 콘텐츠 미비, 국내향 고기능 단말 미출시 등으로 인해 그 당시 전망은 그러할 수밖에 없었을 것이다.

그러나 2009년 말 아이폰의 국내 도입과 더불어 이동통신사들의 적극적인 주도, 정부의 무선인터넷 활성화 정책 강화, 산·학·연의 스마트폰 산업으로의 대전환, 그리고 고객 인식 전환 등으로 인해 '피처폰'에서 '스마트폰' 시대로의 대변혁이 발생하였다. 필자가 터널링(Tunneling)이라고 표현하는 이 수요 대변화 시점을 예측하기 어렵다는 것이 딜레마이다.

기술예측의 딜레마

스마트폰 사례를 다시 살펴보자. 2007년 아이폰이 스마트폰을 출시하기 7년 전인 2000년에 이미 노키아는 스마트폰 콘셉트를 가지는 휴대폰을 개발하였다.

선견(先見)과 막강한 연구력을 바탕으로 제품을 만들었지만, 무선데이터를 수용할 기술이 아직 성숙되지 않았다. 음성 기반(2G)에서 무선데이터 기반(3G)으로 무선 접속기술 변화가 선행되어야만 무선인터넷을 할 수 있는 데이터속도를 낼 수 있기 때문이다.

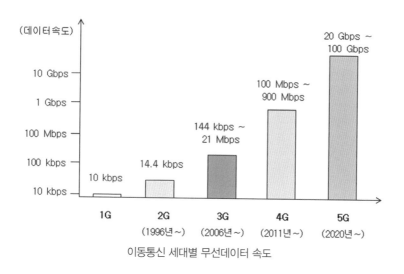

이동통신 세대별 무선데이터 속도

마치 영화 〈백투더퓨쳐〉에 등장한 '날아다니는 자동차'를 누군가 1985년 이후에 만들었다 하더라도 기술적인 (혹은 가격적인) 한계로 제품화되기 어려웠을 것이라는 개념이다. 즉, 기술의 성숙, 이에 따른 부품·소자의 발전이 수반될 때에만 비로소 고객이 만족할 수 있는 제품을 출시할 수 있다.(그런 측면에서 〈백투더퓨처〉의 '타임머신 자동차'는 요원한 얘기이다)

다시 말해, 제품의 연구개발 시점에서 핵심 기술이 성숙되어 제품화되는 시점을 예측하는 것이 '기술예측의 딜레마'이다. 가격 측면을 고려하고 기술 성숙 시점을 지속적으로 모니터링하면서 시장 선도 제품을 만들어 가는 것이 정답이다.

5G 시대가 도래한다. 4G 대비 무선데이터 속도가 100배나 증가한다. 기술 성숙 문제로 상용화되지 못했던 제품과 서비스들이 속속 등장할 것이다.

미래지향성의 딜레마

미래예측을 하는 주체는 사람이다. 노키아의 사례를 좀 더 살펴보자. 2007년 아이폰이 출시되었을 때 자신들의 과거 경험을 바탕으로 '아이폰이 실패할 100가지 이유'를 열거하고 있었다면 미래지향성이 없다는 개념이다.

미래를 예측할 때 통상 자신이 보고 싶은 것만 보거나, 나의 논리에 맞는 전망을 한다. 틀린 점은 없다. 단지 현재를 기준으로 예측했다는 것이 문제이다. 예를 들면 '1+1 = 2'다 라고 얘기하면 반론의 여지가 없다. 그러나 기술의 발전, 고객니즈 등의 변화로 1이 5가 되고 10이 될 수도 있는 예측을 주저한다. 즉 '1+1 = 20 혹은 200'이 될 수 있다는 미래 예측을 할 수 있어야 한다.

권한을 가진 사람이 결과에 대한 책임이 부담되어 자신이 결정하지 않고 공동책임을 지려하는 것이 일반적인 모습이다. 변화에 대한 두려움일 수도 있고, 현재의 캐시카우를 고수하려는 저항일 수도 있다. 미래예측자는 미래지향성에 유연해지는 것이 기본이다. 기술 진보의 혁신과 변화

방향을 보고, 예상 한계를 넓히고 다른 사람이 보지 못하는 것을 상상해야 한다.

필자가 자주 얘기하는 말이 있다. 프로야구에서 자기가 응원하는 팀이 쉽게 이기는 방법이 있다. '자기가 응원에 가면 항상 팀이 이긴다'고 말하는 사람들이 주변에 많이 있을 것이다. '이들 천 명만 모으면 팀이 반드시 이긴다'란 얘기다. 안 된다고 생각하는 사람들은 이미 미래예측에서 부정적이 된다. 미래지향성이 필요하다는 의미이다.

집단 저항의 딜레마

미래를 향한 대변혁은 사회의 저항과 다양한 이익집단의 저항을 겪게 된다. '집단 저항의 딜레마'이다.

과거 1996년 GM의 전기차 EV1의 비극적 결말을 생각해 보자. 고객들의 반응도 좋았고 친환경이라는 사회적 문제에도 부응하였기에 시장 성숙 단계로 충분히 발전 가능하였지만, 배터리 수명 문제라는 기술적 한계에 부딪쳐 종말을 맞이하였다.

그러나 이는 표면적인 이유일 것이다. 사업 측면에서 보면 이 정도는 극복 가능한 수준이 아니었을까 생각한다. 아마도 백 년 넘게 이어져 온 오일머니의 파워를 넘지 못했을 것이다. 정부의 규제, 대체 산업의 환경, 각종 이익집단의 저항도 미래예측의 고려 대상이다.

실패/성공의 딜레마

필자가 2009년 k社 무선연구소에 다닐 때의 일이다. 그때 이동통신망에 CCC(클라우드커뮤니케이션센터) 기술을 적용하였다. CCC는 향후 데이터 트래픽이 100배 증가하리라 예측하고, 망운용 비용을 최소화하면서 무

1996년 출시된 GM의 전기차 EV1 〈출처: 글로벌오토뉴스〉

선망 용량을 극대화시키는 새로운 기술이었다.

덩치 큰 기지국을 디지털신호처리부(DU, Digital Unit)와 무선신호처리부(RU, Radio Unit)로 분리해서 DU는 전화국사에 모으고, 크기가 작은 RU만 기지국 사이트에 설치하는 방식이다. 크기가 작은 RU를 촘촘하게 깔아 임차비는 줄이고 무선망 용량은 증대시킴으로써, 2009년 아이폰 국내 출시와 더불어 촉발된 데이터트래픽 폭발을 감당해 낼 수 있었다.

문제는 이미 잘 운용되고 있던 기지국 장비를 모두 RU로 개비(改備)하고, 10배 이상의 RU를 추가로 설치해야 했다는 것이다. 예를 들자면 전국 1만 개의 기지국을 10만 개로 늘렸다는 것이다.

kt는 아이폰을 도입하여 스마트폰이라는 새로운 시장을 선도하였고, 폭발적으로 증가하는 3G망 데이터트래픽을 견디기 위해 막대한 투자비를 들여 2011년 초부터 CCC망으로 전환해 나갔다. 그러나 적어도 3G망에서는 꽃도 피워 보지 못하는 투자가 되었다. 3G망이 없었던 LG유플러스가 2011년 중반에 새로운 4G LTE망을 전격적으로 깔고 4G LTE 시대를

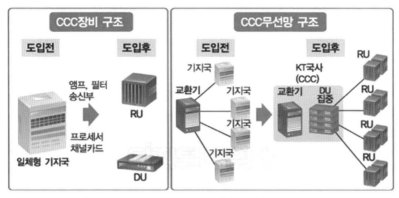

CCC(클라우드커뮤니케이션센터) 개념도 〈출처: 디지털타임스〉

열어 버린 것이다. kt는 4G LTE망의 시작은 늦었지만 다행히 전국망 구축 시점은 쉽게 따라갈 수 있었다. LTE RU를 플러그인(Plug-in) 개념으로 기존 기지국 사이트에 그냥 갖다 꼽으면 되었기 때문이다.

되돌아보면, 예측한 바대로 3G망에서 100배 이상의 트래픽이 발생했지

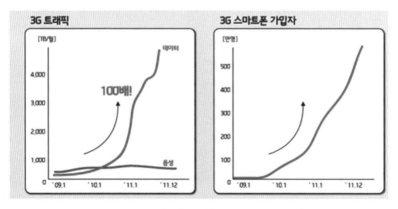

3G망 데이터트래픽 추이 〈출처: kt 스마트블로그〉

만 곧 다가오는 4G망을 두고 3G망에 막대한 투자비를 들여 대변혁을 할 필요가 있었는가는 오래도록 회자되는 이슈이다.

LTE 가상화 기술과 연계해서 CCC 기술의 장점은 많다. LTE는 주파수 분할다중화(OFDMA) 방식을 채택하고 있어서 기지국 경계에서 간섭 문제 해결이 관건이다. 특히 촘촘히 깔려 있는 네트워크에선 심각한 이슈이다. CCC는 두뇌 역할을 하는 가상서버가 간섭제어를 통제해서 경계지역의 데이터속도를 크게 증대시키는 기술이다.

광케이블·집중국사 등의 인프라를 모두 가진 이통사업자만 가능하기 때문에 아직도 전 세계적으로 유례가 없는 기술이다. 그러나 이 때문에 4G 시장 진입이 늦어졌고, 곧 이어진 캐리어애그리게이션(CA) 기술로 인해 2배, 4배로 속도가 증대하면서 CCC의 의미가 퇴색되었다. 이와 같이 과거의 미래예측이 성공이냐 실패냐로 그 평판이 계속 따라붙는다는

앤 부베로(오른쪽) 세계이동통신협회(GSMA) 전 사무총장이
'KT LTE 이노베이션센터'에서 필자의 설명을 듣고 있다. 〈출처: metro, 헤럴드경제〉

것이 딜레마가 될 수 있다.

테슬라 CEO 엘론 머스크의 말을 되새길 필요가 있다. "실패는 하나의 옵션이다. 만약 무언가 실패를 하고 있지 않다면, 당신은 충분히 혁신하고 있지 않는 것이다.(Failure is an option here. If things are not failing, you are not innovating enough)"

CCC 사례의 시사점은, '경쟁자의 대응을 항상 고려하라', '기술진화에는 먼저 선점하라'이다. 경쟁사와의 선점 경쟁으로 인해 고객 · 정부 · 산 · 학 · 연의 대전환이 급속히 일어나기 때문이다. 4G망에서 5G망으로 넘어갈 때 참고해야 할 사례이다.

도요타 생산방식의 교훈

필자가 2008년 도요타생산시스템(TPS)을 견학했을 때 느낀 내용을 정리해 보려 한다. 여러 특징들을 ABS 경영과 비교해서 보면 시사하는 바가 클 것이다.

도요타 생산방식은 '필요할 때, 필요한 부품을, 필요한 만큼만 조달'하는 린(Lean) 생산방식이다. 그 특징을 살펴보자.

▪ 도요타 생산방식의 특징

1) 미리 예측하고 만들지 않는다.

석유 가격 상승을 미리 예측해서 하이브리드카 수요 증가를 예상하고 생산대수를 늘려 가지 않는다는 개념이다. 리스크를 줄이고 리콜 우려 때문이다.(ABS 경영처럼 환경변화에 민첩하게 대응하는 것이 중요하고, 흐름경영이 중요하다는 개념이다)

2) 눈으로 보는 관리를 중시

전광판에 생산 라인의 문제를 즉시 드러나게 한다. 가동률·양품률, 가동 중단된 라인 번호와 중단횟수 등이다.(ABS 경영처럼 프로세스의 활동 현황, 직원의 활동상황 등을 실시간으로 보여 주어야 한다. 가장 큰 문제는 '문제가 있는지 없는지를 모르는 것'이다.)

3) '공정라인 올스톱' 품질 관리

개인 작업 결과가 잘못되면 조직 전체의 생산성 저하라는 부담을 느끼게 하는 것이다.(전 직원의 근무몰입도가 중요하다.)

도요타 모토마치 공장의 생산 라인 사진 〈출처: 헤럴드경제〉

4) 사람이 로봇과 비슷한 작업을 하는 인변자동화(人邊自動化) 수행

꽉 짜인 공간에서 여러 작업을 수행하는 다기능공화(多技能工化)를 지향한다.(직원의 멀티플레이 직무역량이 중요하다.)

5) 하나의 생산라인에서 여러 제품을 동시 생산(혼류생산, 混流生産)

공장 설비는 고정되지 않고 항상 변할 수 있도록 배치되어 다품종 생산을 위한 설비 유연성을 확보하고 있다.(직원 활동경로의 유연성과 활동흐름의

구분	특징	ABS 경영의 개념
1	• 예측생산 자제	• 환경변화에 민첩한 대응
2	• 눈으로 보는 관리	• 프로세스와 활동 현황을 실시간 파악
3	• 공정라인 올스톱 품질관리	• 전 직원의 근무몰입도
4	• 인변자동화(人邊自動化)	• 다능공화(多能工化), 멀티플레이어 지향
5	• 혼류(混流) 생산	• 활동경로의 유연성, 활동흐름의 병렬성
6	• "간방" 방식의 자재흐름 제어	• 활동 과부족의 적응적 제어
7	• 개발 초기단계부터 협력업체 참여	• 프로세스 생성 초기단계부터 직원 참여
8	• 오류제거의 품질개선	• 품질개선 성과지표 운영

도요타생산시스템(TPS)와 ABS 경영과의 비교

병렬성이 중요하다.)

6) 간반(看板) 방식의 자재흐름제어

간반(看板)을 통해 필요한 만큼만 부품을 조달하고 자재 흐름을 제어함으로써 재고수준을 제로로 만든다.(프로세스 흐름이 중요하고, 활동의 과부족을 적응적으로 제어하여야 한다.)

7) 개발 초기단계부터 협력업체 참여

설계 미스로 인한 생산 오류를 방지하기 위하여 개발 초기단계부터 협력업체들과 협조한다.(프로세스 생성 초기단계부터 직원 참여)

8) 오류제거의 품질개선

풀프루프(Fool Proof, 작업실수방지) 장치를 통해 오류제거의 품질개선을 수행한다.(품질개선 성과지표로 직원들 몰입)

함께 견학한 분들의 공통된 견해는 "도요타 생산방식은 일본의 사회·문화적 관습과 복종개념의 국민성이 반영된 방식이어서, 국내 기업에 적용되기는 어려울 것 같다."는 것이었다. 하지만 이를 거꾸로 해석하면, 이러한 방식의 특징을 추구하지 않으면 향후 미래에 최고 기업에 도달하기 힘들 뿐만 아니라 오히려 도태될 수 있다는 반증의 의미로 이해하여야 할 것이다.

견학 때 안내자가 한 말이 기억난다. "임직원들을 절벽으로 몰아갈 때 잠재능력을 극대화할 수 있다."는 말이다.

도요타 견학때 산업기술기념관에서 한 컷 (뒷줄 왼쪽 6번째가 필자, 2008.2)

다음은 몰입경영, 흐름경영, 미래경영의 기반이 되는 ABS 경영시스템 구조를 개념적으로 소개한다.

개략적인 ABS 경영시스템 구조는 다음과 같다.

1) 프로세스관리 센터: 프로세스, 경영점수/활동점수를 관리

2) 성과관리 센터: 부서평가, 개인평가, 업적성과 매트릭스를 관리

3) 교육관리 센터: 직원 업무전환, 직무교육, 사이버교육 관리

4) 미래예측 Tool: 터널링(Tunneling), 사업분석 Tool

5) 조직관리 센터: 조직구성, 인수합병조직/아웃소싱조직 관리

프로세스관리 센터

프로세스/활동의 신설 · 변경 및 경영점수/활동점수 변경 등을 수행한다. '마스터그룹'이라는 사내 전문가 집단이 이를 담당한다.

성과관리 센터

직원들이 활동을 수행하면, 업무실적 결과물이 등록되고 활동점수를

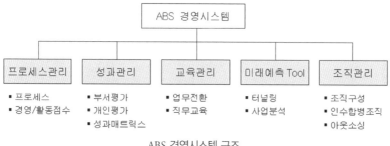

ABS 경영시스템 구조

부여받는다. 직급별 누적 점수를 확인할 수 있고, 평가기간(분기/6개월/1년) 기준으로 끊어서 순위에 따른 평가를 시행한다. 이때 실적 결과물별로 활동점수는 차등 부여되는데 '척암(척 보면 앎)' 선생이라는 평가마스터가 수행한다. 또 ABS 성과관리를 통하여 승진 대상자를 선발한다. 다년간 복수직무 실적 상위자는 미래 경영관리자로 키워 나간다.

교육관리 센터

경영목표 활동점수 대비 중요도가 낮은 활동업무를 수행하는 직원들은 직무 전환을 할 수 있다. 희망 직군의 전문교육을 받은 후 전환배치가 이루어진다.

조직관리 센터

플렉스블 조직을 구성하고, 단순업무 혹은 활동점수가 낮은 업무는 전산화, 아웃소싱 등으로 개선해 나간다.

ABS 경영 개념적 이해

• 자원 풀(pool)

현재 연초 사업별로 목표를 수립하면 성과지표 수준과 투입되는 자원이 결정된다. 이후, 실제 자원 배정을 위해 사력을 다한다. 왜냐하면 목표 달성이라는 1년 농사가 자원 확보에 달려 있기 때문이다.

자원은 '사람'과 '돈', '시간'이다. 일단 확보한 자원은 뺏기려 하지 않는다. 나의 목표 달성과 실적, 연이어지는 평가 · 상여 · 승진과 직결되어 있기 때문이다. 자원은 유한해서 내 것이 다른 사업에 넘어가면 상대적 손해가 발생한다. 고무풍선 한쪽을 누르면 한쪽이 밀려 커지는 것과 같은 개념이다. 따라서 연말 평가를 잘 받기 위해서는 자원부터 많이 받아야 한다. 온갖 자료 다 만들고, '내 편 만들고 사내정치'를 해야 된다. 이는 '이 정도의 자원으로 어느 정도의 성과를 내야 하는가'의 기준이 없기 때문에 무조건 자원을 많이 받아 놓고 보는 것이다. 회사의 본원적 경영성과는 자연히 뒷전으로 밀려난다.

ABS 경영에서는 어떻게 될까? '자원은 풀(pool)'이다. 사람들의 '활동'도 풀(pool) 개념이다. 프로세스로 옮겨 다니며 최대의 효용성을 가지도록 운영된다. '돈'과 관련되는 '투자와 비용' 또한 '풀(pool)'이다. 개인이나 조직 모두 돈을 얼마나 확보하느냐 하는 것을 중요하게 생각하지 않는다. 얼마나 효율적으로 쓰느냐가 중요하다. 비용을 절감하는 제안, 투자비를 줄이는 제안 등이 활동점수 배점에서 가점을 받기 때문이다. 그럼에도 불구하고, 전사 관점의 성과지표는 자원의 투입 규모에 따라 변화할 것이다.

▪ 자원 풀(pool)의 '할당방식'과 '투하방식'

'할당방식'은 지금과 같이 사업목표를 달성하기 위해 치열한 내부 경쟁을 통해 자원을 할당받는 것이다. '투하방식'은 마스터그룹이 전사 성과지표의 추세를 보고 투자 · 비용 · 활동을 조절해 가면서 프로세스에 투하하는 방식이다.

예를 들면, 이동전화 커버리지와 통화품질 개선을 위해서는 기지국 장비를 많이 깔아야 한다. 품질지표가 목표로 되어 있다면 사업부서마다 경쟁적으로 자원을 많이 확보하려 할 것이다. 왜냐하면 어느 정도의 돈이 어느 정도의 품질개선을 할지 모르기 때문이다. 결국 자원을 많이 받아 장비를 많이 까는 것이 품질지표 달성과 직결된다.

ABS 경영이라면 어떻게 될까? 직원들은 품질개선 '활동'으로 평가를 받는다. 돈이 우선이 아니라는 개념이다. 그럼에도 불구하고 품질지표 개선을 위해서는 기지국 투자를 해야 된다. 즉, 마스터그룹이 품질지표의 추세를 보고 기지국 투자비를 투하하고, 구축 프로세스 활동점수를 높이면 활동이 모이면서 품질개선이 이루어진다는 의미다.

자원의 '할당방식'은 뺏고 뺏기는 싸움이다. 서로 많이 얻기 위해 자원의 할당에서부터 막판 실적 평가에 이르기까지 이전투구식 경쟁이 벌어진다. 너무도 많은 페이퍼워킹을 양산하여 경영 본질은 뒷전이 된다.

※ 사업 개수만큼 자원 할당 관련 페이퍼워킹이 기하급수적으로 늘어남

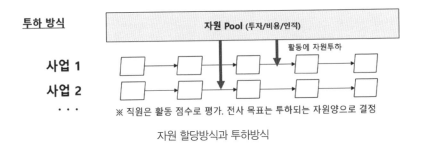

※ 직원은 활동 점수로 평가. 전사 목표는 투하되는 자원양으로 결정

자원 할당방식과 투하방식

- **활동은 절대지표**

모든 성과지표는 과거의 상이한 환경요소를 기반으로 하고 있다. 개개인이 어쩌지 못하는 현실이다.

제주도 통화품질 지표를 예로 들어 보자. 과거 할당된 기지국 투자 정도, 비용 정도, 인력자원 정도, 직원기량의 차이, 지형의 차이, 경쟁환경 차이, 규제기관 정책 차이, 정부지원 차이, 환경단체 활동 정도, 시민의식 차이 등이 혼합되어 현재의 통화품질로 나타나 있다.

영업의 고객 수 혹은 매출 지표도 마찬가지이다. 과거 할당된 투자 · 비용 · 인력자원 정도, 소득수준 · 유동인구 · 도심권정도 · 노출도 · 경쟁환경 차이, 판매원 교육수준, 정책 차이 등이 포함되어 현재의 지표를 나타내고 있을 것이다.

분배된 자원 대비 성과 정도를 지역별로 상이한 이러한 역사적 환경기반에서 정말 공정하게 평가할 수 있다고 생각하는가? 이를 수치화해서 평가하려고 하니까 '마음대로 늘리고 줄이는 고무줄 평가'가 되는 것이다.

ABS 경영에서 활동은 절대지표이다. 과거의 역사적 배경과 무관하고 지표를 조작하고 가공할 필요가 없다.

직급체계의 매핑(mapping)

ABS 경영에서의 직급체계는 과거 연공(年功) 서열이 포함된 개념이 아니다. 동일 직급에서 최상위 업적성과자들이 진급을 해온 결과물이다.

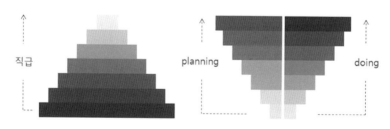

ABS 경영에서 역피라미드 파워

창의력 · 기획력의 '플래닝(planning)' 영역과 문제해결력 · 실행력의 '두잉 (doing)' 영역의 역피라미드 파워가 느껴지지 않는가? 진급 시에 '인성' 평가가 포함되는 보팅(Voting)이 있기 때문에 소통과 인성 부분까지 갖춘 능력치의 직급체계이다.

기존 체계에서 ABS 직급체계로의 매핑(mapping)이 필요하다. 1년~2년 진행될 것이다. 이미 말했지만 그 사람이 '차장'으로 불리든, '매니저'로 불리든 호칭과는 별개이다. 경쟁을 하는 동일 직급 레벨은 반드시 구분해야 된다는 의미이다. 개인 요구 등으로 직급의 '강급(降級)'도 있을 수 있다. 보상제도 팁(Tip)을 간단히 언급하면, 직급 간 기본급 차이가 크다.

직급 라이프사이클

한 직원이 입사하여 퇴사할 때까지의 직급 라이프사이클 예를 들어 본다. 직무능력과 경험을 축적해 가며 직급 최고에 이른 후 '임금피크제'와 같은 워크쉐어링까지 가는 과정이다.

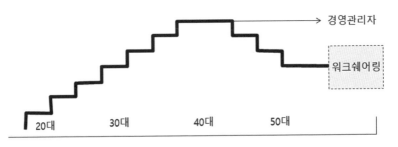

개인의 직급 라이프싸이클 예

바둑의 예를 살펴보자. 변화무쌍한 수읽기 승부이다. 따라서 빠른 두뇌 회전이 가능한 20대~30대에 9단이 된다. 이후 나이가 들어 수읽기 능력이 떨어지면서 승률이 떨어지고, 바둑리그 멤버에서도 빠져 해설가나 시니어 그룹선수 등으로 뛰게 될 것이다. 하지만 여전히 9단으로 불린다.

ABS 경영개념으로 생각해 보자. 회사 일은 바둑판 앞에서 초읽기 시간 동안 수읽기를 해서 승부를 내는 게임이 아니다. 바둑과 달리 시간적 여유를 가지면서 환경 흐름을 예측하고 최적의 대안을 찾아 실행에 옮기는 능력이 더욱 중요하다. 즉, 개인이 쌓아 온 경험적 내공이 큰 능력이 될 수 있다는 의미이고, 인공지능의 딥러닝과 빅데이터를 시스템적으로도 활용할 수 있기 때문에 연령대가 높아지더라도 충분히 경쟁력을 유지할 수 있다.

그럼에도 불구하고 나이가 들면서 '늙고 싶지 않은데 늙어야 하는' 제도적 인식으로 스스로 혁신과 도전에서 물러난다. 물론 당연히 체력 저하나 환경적 요소(가사일, 자녀일) 등도 포함되어 젊은 직원과의 동급 경쟁에서 활동 양산이 떨어질 수도 있다. 즉, 호칭은 '부장', 바둑으로 치면 '9단'이지만 평가 직급은 조정될 수 있음을 나타낸다.

ABS 경영에서는 이들 고직급 직원들의 실력과 능력이 극대화될 것이다. 공정한 경쟁 환경에서 그들이 뒤질 이유라고는 건강 문제 빼고는 '민첩성' 하나밖에 없고, 모든 면에서 경험치가 젊은 직원 대비 앞설 것이기 때문이다. 디그레이딩('강급') 조건은 젊은 직원이나 고연령 직원이나 동일 조건인 것이다.

또 하나, 다년간 실적 상위자로서 복수직무를 경험하면서 진급을 이어 온 직원은 회사 미래를 책임질 '경영관리자' 후보들이다. 4차 산업혁명의 시대에 이들을 엘리트코스로 키워 나가게 될 것이다.

• 활동점수의 스케일

프로세스 활동점수는 최고 1점, 최저 0.05점의 부여를 권고하고, 업무 성과물의 양적·질적 수준에 따라 '척암' 선생(평가마스터)에 의해 가점 부여가 가능하다. 이론적 최고 활동점수는 235점이 될 것이다. 평가 기간 1년, 휴일 130일로 가정했을 때 매일 최고 배정점수(1점)의 한 개 활동을 하루도 빠지지 않고 등록한다는 전제이다.

캐시카우 조직의 틀에 박힌 업무에는 0.3점 미만의 활동 점수가 부여된다. 이를 담당하는 직원은 패닉에 빠질지도 모른다. "회사가 성장하기까지 내가 얼마나 많이 기여를 했는데 나의 업무 중요도가 이 정도밖에 안 되는가?" 할 것이다. 물론 과거에는 중요했을지 모르지만, 지금은 아니다. 회사는 미래를 보고 가야 한다.

• 글로벌 비즈니스와의 조화

글로벌 전략적 제휴·인수합병의 결과로 인수된 기업이 조직관리 대상이 되었다고 하자. 조직관리의 주요 이슈는 이질적 사회·조직문화와 국민성을 지닌 그들 직원들을 잘 활용하여 조기에 경영정상화를 이루고, 결합 이전 때보다 더욱 발전된 경영성과를 이끌어 내는 것이다.

미국 500대 기업들의 경우 외형적으로는 일과 생활간의 균형적 관계를 중요시한다. 하지만 일주일에 50시간 일하고 집에서 가족과 지내는 직원들보다 회사의 가치를 먼저 생각하고 오래도록 일을 하는 직원을 여전히

선호한다.[1]

필자가 예전 미국계 기업 직원과 업무협의를 하다가 들은 얘기다. '말 잘하고 아부하는 직원'에게 거부감을 많이 느낀다는 것이다.

말 잘하는 것은 문제의 해결, 대안 제시나 설득을 위해 괜찮은 직무능력 중의 하나일 것이다. 그러나 말 잘하고 아부하는 사람은 일을 잘하기보다 듣기 좋게 비위 맞추는 말을 잘한다는 의미로 보인다. 실제 성과에 기여한 일로 평가되지 않고 평가자와의 관계를 통해 평가를 잘 받으려는 풍토를 싫어하는 것이다. 즉, 그들도 우리와 비슷한 평가관리 문제를 겪고 있다고 보면 된다.

글로벌 경영방식은 연초 계약된 개인 연봉만큼의 일을 행하는 것이다. 개인주의적 성향이 강해서 업무 추가에 대한 거부감이 있고 더 많은 일을 하려면 추가 연봉협상이 전제되어야 하기 때문에 과감한 경영 목표 변경을 추진하기도 어렵다.

ABS 경영은 근무 시간 내 많은 업적성과를 내는 개념이기 때문에 그들은 경영방식의 큰 차이를 느낄 수도 있다. 그러나 공정한 평가·보상·승진이라는 동기부여가 보이면 유능한 인재들은 회사를 떠나지 않고 당초 의도했던 기업 성장에 기여하게 될 것이다.

---

1) Cynthia Shapiro, "Corporate Confidential: 50 secrets your company doesn't want you to know – and what to do about them", St. Martin's Griffin, p.12.

PART 4

미래예측 방법

터널링(Tunneling) 분석

▪ 터널링 (Tunneling) 개념

터널링(tunneling)은 말 그대로 '급성장으로의 벽을 뚫는' 의미이다. 수요예측을 가지는 모든 서비스 · 기술 · 제품들이 도입기 · 성장기 · 성숙기 · 쇠퇴기를 거쳐 갈 때 제품 도입 이후 잠복기를 거치다가 급격하게 증가하면서 성장기로 전환한다.

이것이 터널링 포인트(point)이다. 필자가 생각하는 터널링 주안점은 터널링이 '언제 일어나고, 그때의 조건은 무엇일까' 하는 것이다.

새로운 서비스 · 기술 · 제품에 대하여 의사결정을 하기 위해서는 다음의 세 가지 단계를 거쳐야 한다고 생각한다. 첫째는 '이 사업이 성공할 수 있을까?'이고, 둘째는 수요예측 분석이며, 셋째는 손익 분석이 될 것이다. 첫 번째는 다음 장에서 설명되겠지만 여러 가지 요소로 성공여부를 판단하게 된다. 여기에서 중요한 개념이 터널링(tunneling)이다.

즉, 사업의 성공 여부를 따지려면 터널링이 있어야 성공 가능하고, 수요예측을 하려면 터널링이 있는 사업이라야 할 필요가 있다는 의미일 것이다. 터널링이 일어나지도 않고 사라지는 제품이나 서비스 · 기술들이 너무

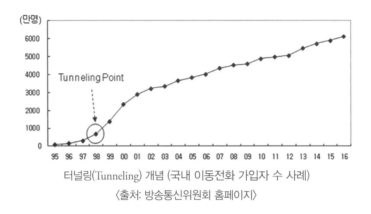

터널링(Tunneling) 개념 (국내 이동전화 가입자 수 사례)
〈출처: 방송통신위원회 홈페이지〉

나도 많다. 그것이 매크로(macro) 사업이든 마이크로(micro) 사업이든 터널링의 형태를 반드시 가져야만 한다. 그래야만 사업성이 있기 때문이다.

▪ **터널링 조건**

터널링 조건은 터널링이 일어나기 위한 조건으로서 다음 장에서 다루어지는 '사업의 성공요소'를 갖추어야 한다.

'사업의 성공요소'는 7가지로 구분된다. 소비자 반응, 정부 반응, 나와 경쟁자의 반응, 기술과 제품에 대한 글로벌 반응 및 생산자의 반응, 기술자 반응과 매스컴·증권가의 반응이 그것이다. 즉, 새로운 서비스·기술·제품이 세상에 나올 때 반응할 수 있는 7가지 이해관계자의 반응을 예측해야 한다는 것이다.

터널링을 위한 7가지 반응사슬(Response Chain)

터널링 조건, 즉 사업 성공을 위한 7가지 반응은 사슬로 이어질 수 있다. 소비자가 '적극 구매'하고, 정부가 그 방향으로 강력하게 드라이브(drive)하고, 나와 경쟁자가 그 방향을 '적극 추진'하고, 글로벌한 발전 방향과 기술자의 제품개발, 생산자가 그 제품을 '적극 생산'하고, 매스컴이나 증권가에서 '적극 홍보'하여야 터널링이 일어난다.

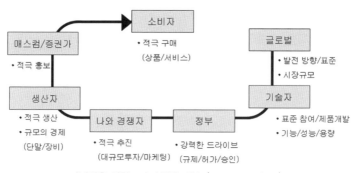

터널링을 위한 7가지 반응 사슬 (Response Chain)

또 터널링 조건은 사업 규모에 의해 구분될 수 있다. 사업 규모는 전 국민을 대상으로 하는 매크로 규모와 특정 계층 · 니치마켓(niche market)을 대상으로 하는 마이크로 규모로 나눌 수 있다.

사업 규모별 터널링 조건은 매크로일 때는 스케일이 크기 때문에 전 국민(소비자)이 '새로운 제품, 만족하는 제품'으로 인정하고 구매하면서 규모의 경제를 갖추는 것이 터널링 조건이다. 또 마이크로 규모일 때는 제품의 독특함으로 소비자가 이를 '좋다'고 인지하는 것이 터널링의 조건이 될 것이다.

사업 성공요소		소비자 반응	정부 반응	나와 경쟁자 반응	글로벌 반응	생산자 반응	기술자 반응 (산·학계)	매스컴 증권가 반응
터널링 조건	일반	적극구매	강력 drive	적극추진	발전방향	규모경제	기술성숙	적극홍보
	macro	만족	–	차별성	발전방향	규모경제	품질확보	적극홍보
	micro	좋다	–	차별성	–	–	품질확보	–

사업 성공요소 및 터널링 조건

여기서 규모의 경제를 갖춘다는 의미는 산·학·연에서 그 방향을 모두 신기술·신제품으로 이해하고 개발하고 생산하게 되면서, 글로벌 경쟁환경에서도 시장규모를 가진다는 의미이다.

터널링 조건의 예

지금까지의 내용을 정리하기 위하여 간단한 예를 한번 들어 보자. 오래 전인 2006년도에 와이브로(WiBro)[1] 사업이 정부 주도로 국내에 도입되었다. 과거 독자 기술인 CDMA[2]를 통하여 한국 통신산업 발전과 경쟁력을 확보한 사례가 있어 제2의 통신 중흥을 꿈꾸며 와이브로 사업을 아주 의욕적으로 추진하였다. 터널링 조건을 따져 보자.

---

1) WiBro: 'Wireless Broadband internet'의 줄임말로 휴대인터넷을 의미. 이동 중 포함 언제, 어디서나 휴대형 단말기로 초고속 인터넷 서비스를 받을 수 있음.

2) CDMA: Code Division Multiple Access, 코드분할다중코드. 1996년 한국에서 최초로 상용화한 이동통신 서비스 기술

1) '소비자' 반응은 매스컴에서 많이 부각되었기에 인지(認知)는 하고 있다. 그러나 와이브로 커버리지가 완벽하지 않고, 4G LTE 단말 대비 필요성을 느끼지 않는다.

kt 와이브로 커버리지 예 〈출처: www.olleh.com〉

2) '정부'의 반응이다. 우리나라가 원천기술을 가지고 세계 최초로 상용화시킨 기술이라는 자부심을 가지고 의욕적으로 추진하였지만, LTE가 대세가 된 현실을 인정하고 있다. 대세적 환경에 따라 와이브로를 TD–LTE로 전환하려 하고 있다.
3) '나와 경쟁자의 반응'은 전국망을 갖춘 LTE망 대비해서 추가적으로 전국망을 갖추기 위한 투자 동인을 찾지 못하였다. LTE 사업 집중으로 인해 와이브로 품질과 서비스 지역이 더욱 악화되면서 사업을 유지해 나갈 수 없는 상황이 된다.
4) '글로벌 반응'은 일본 KDDI를 제외한 대부분 와이브로 사업자들이 와이브로

사업을 종료하고 TD-LTE 사업으로 전환하고 있다. 표준화 방향에서도 비중이 줄어들고 있다.

5) '생산자'의 반응을 보자. 와이브로를 채택하는 사업자가 전 세계적으로 제한적이고 쇠락하고 있기 때문에 WiBro 장비와 단말기가 주요 포트폴리오에 포함되기 어렵다.

6) '기술자'의 반응이다. 표준화단체인 전기전자기술자협회(IEEE)가 표준화 활동을 하고 있지만, 이동통신 표준화 기술협력기구(3GPP) 대비 참여도가 떨어진다.

7) '매스컴 · 증권가의 반응'도 적극적으로 홍보되지 않고 있고, 와이브로 연관 기업이 증권가에서 주목받지 못한다.

즉, 터널링 조건을 전혀 갖추지 못하고 있다는 것을 알 수 있을 것이다.

▪ 터널링 시점

다음은 '터널링 시점'에 대해서 알아보자. 터널링 시점은 중요하다. 사업 성공을 예상하고 초기 많은 투자가 이루어졌을 때 터널링이 늦어지거나 발생하지 않으면 투자 회수 시점과 현금 흐름에 큰 지장을 초래하기 때문이다. 따라서 터널링 시점을 주도하여 단축하거나, 예측 정확도를 높여 추진하거나, 터널링 조건 변화에 따라 적응적으로 변화해 가든가, 이 세 가지가 주요 전략이 될 것이다.

터널링 시점은 140% 이상의 급성장이 진행되는 시점이다. '소비자'는 그 방향에 모두가 익숙하고, 지불의사를 가져야 한다. '나와 경쟁자'는 생산 · 물류 · 유통 · 마케팅 · 자본 · 인력 모두를 그 방향으로 돌려야 한다. 이때

'생산자'도 그 방향으로 주력하게 되면서 규모의 경제를 갖추게 된다. 필수 조건으로, 이때 터널링이 발생하게 된다.

그럼 LTE 사업의 터널링 시점을 사례로 들어 보자.

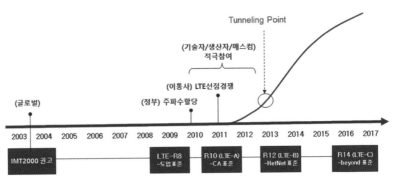

LTE 터널링 시점 예

LTE는 이미 2000년 초 세계이동통신규격(IMT2000)의 진화기술로 널리 알려져 있었고, LTE 최초 규격(R8)이 2009년에 완료되었다. 정부의 주파수 할당, 퀄컴칩까지 개발되면서 2011년 LTE로의 진화가 가능한 기본 조건을 갖추게 되었다.

LG유플러스는 스마트폰 시대에서 3G망이 없었기에 LTE에 총력을 기울일 수밖에 없었고, 막대한 투자비를 들여 LTE로 치고 나갔다. SK텔레콤과 이후 KT까지 LTE 주도권 싸움이 이어지면서 스마트폰, 장비社의 '규모의 경제'가 형성되었고, 2013년 터널링이 일어났다. 2009년부터 4년이 소요되었다.

터널링 시점 분석방법

'시장 트렌드' 예측과 '시장 주도형' 예측으로 구분된다. '시장 트렌드' 예측은 시장의 자율적인 조정에 의해 시장이 형성되고 터널링 되어 가는 것을 따라간다는 의미이고, '시장 주도형'은 자신이 시장의 변화를 주도하는 분석 방법으로서 공격적 관점이다. 안정성을 추구하는 기업은 '시장 트렌드' 방법으로 예측하고, 빠르게 시장에 적응해 나가면 될 것이다.

구분	시장트렌드 예측	시장주도형 예측
시장형성 주체	시장 자율적 조정	자신이 시장 주도
위험부담 정도	안정성 추구	공격적 진화 추구
재분석 주기	수시	분기

터널링 시점 분석방법 비교

조직구성 방법은 '시장 주도형'의 경우 프로젝트 팀을 만들고 프로세스와 활동을 지정한 후 리소스를 붙여 진입하면 될 것이고, '시장 트렌드' 예측은 기존 부서에 프로세스/활동을 부여하면 될 것이다.

재분석은 중요한 의미를 지닌다. 시장환경이나 경쟁사 동향 변화 등을 통하여 빨리 의사결정 후 회사의 모든 리소스를 집중하여야 할 필요가 있기 때문이다. 또 의사결정이 되어 추진되고 있는 사업도 예측 당시의 불확실성을 가지고 있었기 때문에 재분석을 통해 사업의 축소·확장 등을 결정할 필요가 있다. '시장 트렌드' 예측은 수시, '시장주도형' 예측은 분기 단위 재분석이 적합할 것이다.

- **터널링연계 수요예측 방법**

현재 널리 알려진 수요예측 방법은 Bass 모형의 확산수요예측[3]이다. 최초구매자(early adapter)인 혁신자의 혁신(innovator)계수와 구매자들의 구전효과인 모방(imitator)계수를 결합하여 선형함수로 추정하는 방식이다.

ABS 경영시스템에 반영된 수요예측 방법은 '터널링연계 수요예측'이다. 앞서 얘기한 바와 같이 터널링이 있어야만 사업 성공 가능성이 있고, 수요예측 분석으로서의 의미가 있기 때문이다. 즉, 터널링 시점을 기준으로 수요예측을 하면 된다는 의미이다. 절차는 다음과 같다.

① 타깃(target) 시장에서 '소비자' 반응을 예상하여 시장 총규모를 산정한다. ② 터널링 시점을 구한다. ③ 터널링 이전은 선형증가, ④ 터널링 이후는 급수적으로 총 규모까지 증가시키면 된다.

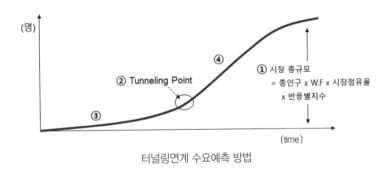

터널링연계 수요예측 방법

---

3) Bass, F.M., "A New Product Growth Model for Consumer Durables", Management Science, 1969)

수요예측에 가장 큰 영향을 주는 터널링시점은 '시장 주도형' 여부에 따라 많은 차이를 보이고 있지만, 대체적으로 매크로 규모 제품의 경우 제품이 소비자에게 알려지고 난 후 2년 이상 소요되고, 마이크로 규모 제품의 경우는 제품 등장 이후 3개월~1년까지 분포될 수 있다.

시장점유율은 시장진입(entry) 개수 'n'에 따라서 '$0.66^{(n-1)}$'의 점유율을 가진다. 즉, 시장진입 업체가 1개일 때는 퍼스터무버(first mover) 개념으로서 100% 점유율을 가지고, 2개일 때 점유율은 1위 0.66, 2위 0.34, 3개일 때는 시장진입 업체 1위 ~ 3위 점유율은 0.44, 0.37, 0.19가 될 것이다.[4]

ABS 경영시스템에서는 초기 예측값과 실측값의 이동평균을 반영하여 예측의 자동보정을 제공한다. 즉, 하나의 사업모델이 예측되고, 프로젝트화 되어, 프로세스 활동으로 추진될 때라도 최초 예측값과의 차이를 반영하여 수요예측 정확도를 높여 나간다는 의미이다.

왜냐하면 정부 · 나와 경쟁자 · 글로벌 · 생산자 · 기술자 · 매스컴 반응에서 성장 모델을 저해하거나 급등시킬 수 있는 요소가 시시각각으로 변화할 수 있기 때문이다. 이들은 빅데이터화 되어 '데이터 정합도[5]'를 높여 갈 것이다. 이것이 가능한 이유는 ABS 경영 시스템 자체가 변화되는 정보를 기반으로 회사 내 모든 경영자원들이 끊임없이 적응적으로 변화해 나갈 수 있기 때문이다.

---

4) HSE e—MBA, 'International Marketing Management, marketing concept' subject
5) 과거데이터를 활용하여 미래를 예측할 때 미래의 변화하는 상황이 과거와 정합할 수 있는 정보를 의미함

빅웨이브(Big Wave) 개념

기업이 영속할 수 있는가는 모든 경영인의 관심사이다. 이와 관련하여 필자는 빅웨이브 개념으로 설명을 하곤 한다. 기업·제품·서비스의 웨이브(wave), 즉 흥망성쇠(興亡盛衰)는 자연 현상적으로 발생하는 것이 필연이고, 이를 '스몰웨이브(small wave)'라 한다. 이 스몰웨이브는 다분히 기술 진보와 이에 따른 낙후된 기술의 퇴조, 제품으로 치자면 '단종(斷種)'의 개념으로서 자연적으로 발생하는 현상이다.

그러나 제품·서비스의 근원적 요소인 인간의 공간·습관·라이프스타일과 연계하여 해석할 때는 하나의 빅웨이브(big wave)를 형성한다. 즉, 기술의 변화에 의해 스몰웨이브가 나타날 수밖에 없지만 이를 인간의 공간 영역과 연계할 때는 특정 시점에서는 여러 스몰웨이브의 합인 하나의 빅웨이브를 형성한다는 것이다.

또, 하나의 빅웨이브는 여러 개의 서브웨이브(Subwave)의 합으로 구분될 수 있다. 이는 기술의 진화에 따라 다양한 변형기술이 인간의 라이프스타일을 겨냥한 제품으로 등장하기 때문이다.

그림의 예를 살펴보자. 이동전화가 흑백 아날로그 시대(small wave 1)에서, 컬러 디지털 시대(small wave 2), 무선데이터 시대(small wave 3), 스마트폰 시

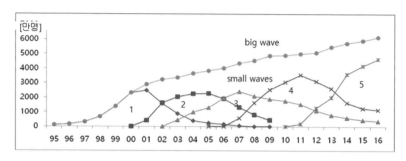

빅웨이브 개념 (이동전화 가입자 수 사례)
〈출처: 방송통신위원회 홈페이지〉

대(small wave 4), 초고속 스마트폰 시대(small wave 5)로 진화해 오고, 극초고
속 미디어폰 시대(small wave 6)로 접어들고 있다.

'인체 부착'형 웨어러블 '비서전화기'가 탄생하였다고 하자. 이는 새로운
제품이라기보다는 휴대형 전화기의 습관과 행동을 따르는 동(同) 시대 빅
웨이브의 한 범주에 포함되고, 해당 시점의 다양한 유사 제품과 경합을 이
루는 서브웨이브가 될 것이다.

어느 한 스몰웨이브가 전체 빅웨이브를 대변한다면 시장지배적 제품이
된다. 그림의 1~5까지 대표 스몰웨이브는 1G폰, 2G폰, 2.5G폰, 3G 스마
트폰, 4G LTE폰이 된다. 서브웨이브 제품으로는 태블릿, 웨어러블 제품,
사물통신(M2M) 제품 등이 될 것이다.

- 빅웨이브와 지속 성장

지속 성장 조건들은 이미 많은 경영학 대가들에 의해 논란이 되었고 구

체화되어 왔다. 이를 필자가 간단히 종합하면 '사람 · 시스템 · 전략 · 기업 문화' 정도가 될 것 같다.[1]

빅웨이브 개념을 활용하면 기업의 지속 성장 여부를 쉽게 답할 수 있을 것 같다. 빅웨이브는 인간이 살아가는 한 영속할 것이다. 즉, 개념적으로 기업도 영속할 수 있다는 의미를 가진다. 단, 기업의 영속성을 따질 때 가장 중요한 점은 빅웨이브의 대표 스몰웨이브들이 변화해 가는 과정을 잘 따라가야 한다는 점과, 한 스몰웨이브에서의 성공이 다음에 연속되는 스몰웨이브에서의 성공을 보장하지 않는다는 것이다.

스몰웨이브 기간은 산업별로 차이는 있지만 통상 5년이라고 볼 수 있다. 부품 · 소자의 기술발전과 제품의 구형화, 소비자의 싫증 등이 신제품 구매로 이어지게 함으로써 다음 스몰웨이브를 형성한다. 이 5년의 기간 내에 다음 스몰웨이브로 '파도타기'를 하거나 완전히 다른 빅웨이브로 갈아타지 않는다면 기업의 지속 성장을 보장할 수 없다는 개념이다. 100년의 미래를 생각해 보자. 20번의 스몰웨이브 변화가 있고, 최선의 '파도타기'를 해나간다면 지속 성장 기업도 가능하다 할 수 있다.

이동통신 분야는 글로벌 표준의 변화를 잘 지켜봐야 한다. 10년 주기로 기술 대변혁의 점핑(jumping) 표준이 만들어진다. (3G, 4G, 5G 개념) 표준이 완료되면 2년 뒤 제품이 출시된다.

대변혁의 개념은 신규 네트워크 구축과 같은 대규모 투자를 수반하기 때문에 누가 먼저 치고 나갈 것인가의 결단력 문제일 것이다. 물론 7가지 반응 요소가 긍정적일 때이다.

ABS 경영은 제품 · 기술 · 서비스라는 영원의 기업 속성을 직원 활동이

---

1) Tom Peters & Robert Waterman (1982), "In Search of Excellence" 필자 해석

몰입하여 따라갈 수밖에 없는 '시스템'적 기반을 형성하고 있기 때문에 지속 성장의 영속성은 더욱 높아질 것이다.

- 빅웨이브의 공간 영역

빅웨이브의 공간 영역 개념을 설명해 본다. 여기서 공간 영역은 소비자 접점의 영역과 플랫폼 영역으로 구분된다. 경쟁 장소라고 생각할 수 있다.

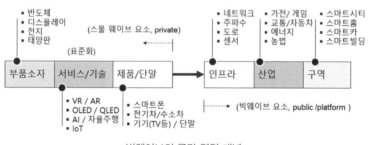

빅웨이브의 공간 영역 개념

닌텐도의 사례를 살펴보자. 게임 산업이라는 큰 빅웨이브에서 2000년대 슈퍼마리오와 같은 게임기형 스몰웨이브를 주도하면서 큰 성공을 거두다가, 스마트폰 게임이라는 스몰웨이브 전환에 늦어 고전을 하였다. 그러나 5년 뒤 포켓몬고라는 증강현실(AR) 게임으로 그다음 스몰웨이브에서 부활하였다. 공간 영역 개념에서 보면 소비자의 게임이라는 습관·라이프스타일은 영원히 지속된다.(빅웨이브) 단지 공간 영역이 휴대용 게임기에서 스마

트폰으로 전환된 것이다.('단말'이라는 공간 영역 변경)

TV 사례를 살펴보자. 가전기기에서 TV를 통해 '눈으로 보고 즐기는' 소비자의 습관은 영원히 지속된다.(빅웨이브) 단지 제품 기술이 브라운관(CRT)에서 평판으로 넘어가면서 PDP, LCD, OLED, QLED 등 기술 경합과 진화가 스몰웨이브 형태로 이루어지고 있다.('기술'이라는 공간 영역 변경) 과거 LCD가 PDP와의 기술경쟁에서 승리하여 대표 스몰웨이브를 형성하였다. 그때, 서브웨이브 기술로는 투명 디스플레이 · 3DTV · 휘어지는TV · 가구 TV · 스마트TV 등이 있었을 것이다.

한 개의 스몰웨이브에서 성공하고 있다면 온 힘을 다해 주변 공간 영역을 살펴보고 흐름 변화를 빨리 파악하여, 공간 영역 내외의 다른 변혁적 스몰웨이브를 창조해 가야 한다는 의미이다.

시시각각으로 변화하는 기술환경에 즉각적으로 대처하면서 또 다른 스몰웨이브 사업을 성공시키기까지 기업 내 모든 자원이 몰입하는 ABS 경영 시스템이 꼭 필요할 것이다. 지금의 스몰웨이브 성공이 그다음 스몰웨이브에서의 성공을 보장하지 않는다.

사업 성공요소 분석

미래예측의 의사결정을 하기 위해서는 사업 성공요소 분석이 필수적이다. 7가지 반응(response)별로 사업의 도입부와 성장기로 구분하여 성공요소가 구분된다. '도입부' 때의 성공요소는 '터널링 조건'과 연계되고, '성장기' 때의 성공요소는 '터널링 시점'과 연계되어 있다.

'소비자반응'에 대한 해석적 방법을 예로 들어 보자. "새로운 상품을 내놓을 때 소비자는 어떻게 반응할까?"이다. 소비자가 '도입부' 때는 새로운 제품으로 '인정'해 주고, 제품의 독특함과 품질을 갖추면서 '좋다'고 인지하는 것이 터널링 조건이다. '성장기' 때는 그 방향에 모두가 익숙하고, '지불의사'를 가지며, 그 제품이 널리 알려졌을 때가 터널링 시점이고, 사업 성공요소이다.

이렇게 각 반응들의 성공요소와 (+/−)요인을 합하여 사업 성공 여부를 판단하고, 터널링 조건, 터널링 시점을 예측하는 것이다.

반응(response)별 사업 성공요소

사업 성공요소	도입부	성장기
소비자 반응	• 인정: 긍정, 거부감, 수용성 • 감성: 맛(오감), 느낌(육감) • 편의성: 편리(귀찮고, 불편, 복잡, 힘듦, 어려움 → 쉽고, 단순, 안전), 유익(좋다), 생명, 건강 • 독특함: 새로움, 최신, 신선함, 재미, 흥미, 감동 • 품격: 과시(권위), 특권, 차별, 우량고객, 시 · 공간 여유 • 익숙함: 습관, 라이프스타일 • (+/−)요인: 기업이미지, 브랜드, 공헌지수, 로열티 등	• 지불 의사: 소득수준, 생활수준, 구매비용, 가족규모, 소비수준, 교체주기, 신기술 · 신제품 • 유행성: 입소문, 품격의 확산, 계층의 확산, 생활 · 소비습관 · 구매관습변화, 교육수준 • 성숙도: 인지도, 보급률, 구매율 • 선호도: 친밀도, 충성도, 접근성, 고객만족도(불만율) • (+/−) 요인: 종교, 문화, 국민성, 지리조건, 계절조건, 분쟁 등
나와 경쟁자의 반응	• 발전 방향 • 경쟁적 추진: 나와 경쟁자 모두 • 대체품: 대체주체, 잠재대상	• 규모의 경제: 매출 · 수익 · 비용 • 리소스 규모: 인력, 자본, 물류 • 대체품: 대체주체, 잠재대상
정부 반응	• 명분: 산업 발전, 국가경쟁력 강화, 국민편익, 복지(생명 · 건강), 그린환경정책(지구온난화) • 발전 방향 • 규제 완화: 법 · 제도, 허가 · 승인	• 강력 drive: 전체 산업 발전, 국가 경쟁력 강화, 선거 · 공약 • 규제 완화: 법 · 제도, 여 · 야 합의
기술/제품에 대한 생산자의 반응 기술자의 반응 글로벌 반응	• 발전 방향: 표준(국내 · 국외) • 제품 특성: 세련된 디자인, 컴팩트, 독특, 성능, 기능 • 리소스 확보: 특허, 표준, 핵심기술 • (+/−)요인: 완결성, 완성도	• 제품 특성: 품질, 다양한 모델, 용량, 편의성(무게 · 크기 · 작동복잡 · 단순) • 규모의 경제: 표준, 생산성(납기), 범용성, 원재료가격, 특허료, 소비자 가격 • 대체품: 대체주체/ 잠재대상 • 진화주기: 복합진화(무게 · 화소), 표준, 구형 · 단종 대체주기, 제품지속성 • (+/−)요인: 구형인식, 완결성
매스컴, 증권가의 반응	• 적극 홍보 • 발전 방향	• 이익 창출: 투자자 인지도 • 발전 방향: 신기술 · 신제품의 연관산업과 복합상품

• 반응형 버짓 분석

반응형 버짓 분석(Response-driven Budget Analysis)는 사업 성공요소를 정량
적으로 분석하여 의사결정에 이르게 하는 분석방법이다. 즉, 새로운 제품
에 대하여 각각의 '반응(response)'들과 성공요소들이 기여하는 이득(gain)과
손실(loss)을 버짓(budget)하여 한눈에 수치분석이 가능하도록 하는 방법이다.
　독자 여러분들도 쉽게 할 수 있다. "새로운 상품을 내놓을 때 소비자는
'재미와 흥미'에 반응할까?" 상품 판매의 전개(deployment)를 생각하며 '+/−'
값으로 0~1점까지 부여하게 되고, 특히 터널링 조건과 터널링 기준에 주
된 요소들은 ±10점까지 부여한다. 예를 들어 '+0.5'점은 이득(gain), '−0.3'
점은 손실(loss), '+10'은 터널링 주 요소의 이득이다.

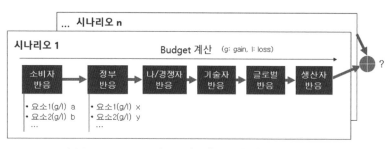

반응형 버짓 분석방법 (g:이득(gain),l:손실(loss), a/b/x/y:수치)

시나리오 분석과 의사결정
매크로/마이크로 시장규모 구분, 예측방법 시장트렌드/시장주도형 구분,
공격적/중립적/보수적 시나리오 구분에 따라 복수(multi path) 시나리오 분

석도 가능하다. 가장 높은 버짓 점수의 패스(path)를 택하면 될 것이다.

버짓(budget) 분석에서 가장 중요한 것은 단위의 통일, 즉 동일한 잣대로 각 반응요소들의 반응값을 부여하는 것이다. 또 시간적 고려도 필요한데, 도입기 대비 터널링 시점의 성숙도를 반영한다는 개념이다.

의사결정을 위한 버지팅(budgeting) 중 중간 단계를 거칠 때 기각(drop)될 수 있거나 곧바로 채택도 가능하다. 이는 매크로 규모에서 치명적 결함 요소가 포함되어 있거나 마이크로 규모에서 결정적 사업 성공요소로 곧바로 채택되는 경우가 있기 때문이다.

▪ 발전 방향과 연계한 '대세론'

'대세론'은 아주 중요한 사업 성공요소이다. 이 제품을 만들었을 때 "모두가 이 방향을 발전 방향의 '대세'로 여길까?"이다.

정부(政府)가 '발전 방향'으로 유도하고, 세계 기술 표준이 움직이고, 나와 경쟁자가 '발전 방향'으로 적극 수용하고, 기술자 · 생산자들이 관련 제품을 적극 만들고, 매스컴 · 증권가에서도 '발전 방향'이라고 연일 홍보하면, 소비자들이 이를 인정하게 되고 기꺼이 지불의사를 가진다는 것이 '대세론'이다.

단, '대세론'에서도 위협요소는 있다. '시장 트렌드' 분석에서는 반응이 떨어져 터널링이 없을 것 같아도, '시장 주도형'으로 바뀌게 되면 터널링이 될 수 있는 사례들이 많이 있기 때문이다.

- **대체품과의 '비교우위론'**

 사업 성공의 또 다른 주요 요소는 경쟁자의 '대체품'이다. 대체품은 사업 진입 시에 보이지 않더라도 터널링 시점까지의 도입기에 시장환경의 '대세' 로 등장할 수 있다. 현재는 영향도가 적지만 시간이 갈수록 대체품의 선호도가 커져 자신의 기술이 시장에서 퇴보될 수 있다.

 기술과 제품은 항상 복합진화를 형성하고 있다. 예를 들면, 미래차에서 수소차와 전기차는 대체재로서 서로 경쟁관계에 있다. 이러한 복합진화의 특징은 경쟁관계의 '대체품' 간에는 '비교우위'에 의해 성공과 쇠퇴가 결정된다는 것이다.

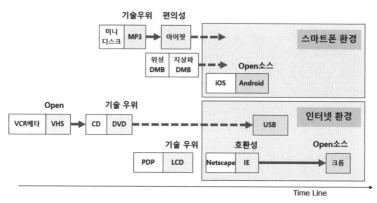

비교 우위 사례 (음영이 우위기술/우위요소)

 '비교우위'를 결정짓는 요소로는 어떤 것이 있을까?

 '기술우위'은 비교우위의 필연적인 요소이다. 진화된 기술과는 조금 다른 측면이다. 비슷한 시대에서 비슷한 기술 간 경쟁에서 우위에 있어야 한다. 평판TV 기술에서 LCD가 PDP보다 앞선 이유는 해상도, 전력소모량 등의 기술 우위 때문이다. 한국이 개척한 MP3도 음원 다운로드 편의성을 제공('아이튠스')하는 애플 아이팟의 기술에 밀렸다고 볼 수 있다.

또 다른 '비교우위' 요소는 '시대적 큰 흐름'이다. '스마트폰 환경'과 '인터넷 환경'이라는 큰 시대적 흐름이 오면서 자잘한 지엽적 기술 경쟁이 무의미해져 버렸다. 위성DMB, 지상파DMB 고민도 초고속 무선인터넷 환경에서 모바일TV 등장으로 서로 간의 경쟁이 무색해졌다. PC 시장에서 HP와 델의 치열한 경쟁도 대형화면 스마트폰과 태블릿 등장으로 더욱 강력한 경쟁자와 싸우게 되었다. 파괴적 경쟁자가 다른 산업에서 나오는 것이다. 스마트폰과 인터넷 환경에서는 기술 공개(Open 소스)가 비교우위의 기본 전제가 되고 있다.

또 규모의 경제를 바탕으로 한 진화 기술도 '비교우위' 요소이다. 한국이 주도한 와이브로가 글로벌 표준인 LTE와의 경합에서 뒤처진 것이나, 코드분할다중방식(CDMA)이 3G로 넘어오면서 WCDMA로 전환된 것 등이 해당된다. 메모리 반도체, 프로세서 등은 '무어의 법칙'으로 규모의 경제를 가져가면서 끊임없이 발전해 간다.

• 경쟁자의 의미

대체품으로 불리는 경쟁자의 존재는 매크로(macro) 규모에서는 유리하고, 마이크로(micro) 규모에서는 불리하다. 엄밀히 얘기해서 자유경쟁체제하에서는 경쟁자 없는 블루오션이란 없다. 항상 경쟁자가 등장하면서 레드

오션이 되지만, 매크로 규모에서는 오히려 이러한 사업의 성공 가능성은 더욱 높다. 규모의 경제가 갖춰지기 때문이다. 따라서 새로운 경쟁자의 등장을 항상 주목해야 할 것이다.

• 실패 요소

새로운 상품이 경쟁력을 가지기까지 어떤 제품은 더디게 오고, 어떤 제품은 빨리 오기도 하고, 오지 않을 수도 있다. 이렇게 성공 가능성을 크게 떨어뜨리는 실패 요소를 살펴보자.

1) 기존 경쟁제품과 이미 기술적 한계를 가지는 경우 (사양측면)
2) 진화주기가 너무 빨라 진입 시점에 이미 대체품이 등장하는 경우
3) 기술이 완벽을 요구할 경우 (매우 더디게 발전)
4) 문화 · 종교와 같이 소비자 관습을 바꾸어야 할 경우
5) 사회적 이익집단의 저항이 클 경우

미래예측 불확실성이 커지고 있다. 기술의 복합화 · 다변화가 너무 빨라 완벽한 계획이 있을 수 없다. 방향 잡고 움직여 가면서 시장환경 · 경쟁환경 · 경영환경 변화에 따라 방향을 튜닝 하는 것이 최선의 사업 성공 방식이 될 것이다.

지금까지 얘기된 내용을 정리하면 터널링의 조건과 시점, 이와 연계한 수요예측 방법, 빅웨이브 · 스몰웨이브 개념, 사업 성공요소와 이의 정량적 분석을 위한 반응형 버짓 분석, 대세론 · 비교우위론 등 필자가 생각하는 미래예측 방법을 살펴봤다. 미래경영에서 가장 중요한 요소는 미래예측력

이다. 많은 미래예측 기법들이 경영학 서적에 여러 가지 이론으로 기술되어 있지만, ABS 경영시스템의 미래예측 툴에 적용된 또 다른 형태의 방법으로 이해해 주기 바란다.

수치화된 정보로 사업의 성공 여부를 분석한다는 것이 어려울 수도, 완벽하지 않을 수도 있다. 그러나 인공지능(AI)의 딥러닝과 빅데이터를 기반으로 한 ABS 경영시스템을 통해 정형화된 방법론을 만들고, 각종 미래예측 파라미터를 최적화하여 사업 성공 가능성을 높여 갈 필요가 있다.

필자는 미래예측 정확도를 50%만 가져간다 하더라도 성공적인 결과로 간주한다. 나머지 50%는 미래에서 시장주도 방법으로 충분히 조절 가능하기 때문이다.

실패와 부활 조건

많은 글로벌 사업자들이 실패하고 사라져 가지만, 4차 산업혁명의 흐름을 타고 부활하고 있다. 이들의 부활 조건들을 살펴보자.

▪ 도요타의 위기와 재도약

2008년 글로벌 금융위기로 인한 최악 경기침체, 엔고 상승, 2010년 가속페달 결함으로 인한 천만 대 리콜, 2011년 동일본 대지진으로 인한 부품조달 체계 붕괴, 태국 대홍수로 생산 차질, 2012년 중국 내 반일(反日) 감정 최고조 등이 연이어 발생하면서 도요타는 최악의 경영 위기를 맞이하게 되었다. 그러나 3년 뒤, 도요타는 다시 부활에 성공한다. 전 세계 자동차판매량이 3위까지 추락했다가 다시 1위로 복귀한 것이다.

위기의 원인은 강력한 경쟁자의 등장이나 경쟁상품의 등장이 아니다. '엔고'와 경기침체와 같은 시장상황의 변화, 대지진 · 대홍수와 같은 재난 상황에서 부품조달 문제가 발생한 것이다. 가속페달 부품 문제는 철저한 원가절감 추구에 따른 부작용이라 할 수 있다.

부활 요인으로는 여러 가지가 있다. 정부의 '엔저' 정책, 안정적 부품 조달 체계를 확보하기 위한 뼈를 깎는 노력의 결실일 것이다. 즉, 부품 규격화를 통해 부품 수를 줄이고, 생산공장 현지에서 부품을 조달하며, 설계에 공용플랫폼 아키텍쳐(TNGA, Toyota New Global Architecture)를 적용한 것이다.

도요타의 미래 전망은 밝다. 원가절감을 극대화하는 생산방식이 체질화되어 있고, 직원들의 근무몰입이 일반화되어 있기 때문이다. 또, 글로벌 생산망을 구축하면서 지진에 취약한 부품 조달 체계를 안정화시켰다. 이미 전기차·수소차·자율주행차 개발에서도 앞서 나가고 있고, 협력업체와의

도요타의 AI 기반 자율주행 콘셉트카 '愛i' 〈출처: 조선비즈〉

동반성장, 지역사회에 대한 공헌 등을 감안할 때 도요타에게는 거칠 것이 없어 보인다.

그러나 4차 산업혁명 시대에서 경쟁자들은 인공지능(AI)과 로봇, 그리고 빅데이터를 활용한 '스마트 팩토리'로 무장하여 도전해 올 것이다. 또, 범용(Open)의 플랫폼화를 통해 모듈화·부품공용화라는 규모의 경제를 갖춘 생태계를 형성해 원가절감의 또 다른 솔루션으로 공격해 올 것이다.

기존 제품설계·생산방식·조달체계의 큰 변화가 예상되지만 수많은 직원과 협력업체와의 상생관계를 기본 원칙으로 하는 도요타에게는 큰 도전이 될 것이다. 인구 42만의 도시 '도요타시(市)'가 30년 뒤에도 그 모습을 유지하기 위해서는 각고의 노력이 필요해 보인다.

• 소니의 실패와 반전, 그리고 성공가도

소니의 실패 이유는 그들이 성공해 온 기술 접근 방식을 고집했기 때문이다. 표준·호환·범용(Open)이라는 또 다른 기술 흐름을 무시한 것이다. 그들은 압도적 기술우위를 가지고 있었기에 과거의 성공방정식인 '표준보다 독자규격으로 경쟁'하였다. 2000년대 일본 전자업체들의 공통된 현상이었다. 이렇게 자신의 독자 기술을 고집하면서 DVD, MP3, LCD, 스마트폰, 태블릿으로의 시장 변화에 늦어졌다. 플랫폼·콘텐츠 사업 진출도 한몫했다. 2012년까지 5년 연속 적자를 기록하며 위기에 빠졌다.

그러나 2015년 이후 다시 성공가도를 달리고 있다. 부활의 원인은 아이러니하게도 역시 '기술우위' 때문이다. 스마트폰과 드론·차량용 카메라이미지 센서, 가상현실(VR, Virtual Reality)에 기반한 플레이스테이션의 호조 때문이다. 물론 경영진 교체와 강력한 구조조정, 그리고 정부의 '엔저' 정책 수혜 등은 기본이다.

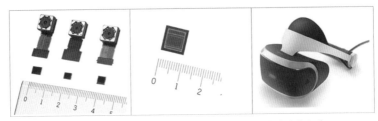

소니 카메라/차량 이미지센서와 PS4 VR 〈출처: 네이버이미지〉

4차 산업혁명 시대에 사물인터넷(IoT) 센서, 인공지능형 로봇 개발을 강화하고 있다. 소니의 강점은 과거 워크맨이나 TV · 노트북 사업과 같은 주력 캐시카우들을 모두 정리할 수 있다는 것이다. 4차 산업혁명이라는 새로운 빅웨이브에서 '파도타기'를 잘할 것으로 보인다.

일본 기업들이 유독 실패의 상황에서도 이를 잘 극복하고 재기하는 것을 볼 수 있다. 일본 기업들이 기술 폐쇄주의와 1등 캐시카우를 과감히 버리지 못하는 고집스러움으로 곧잘 위기에 빠지기도 하지만, 일본 특유의 기초소자기술 · 기초정밀기술 분야에 기술혁신 DNA를 여전히 내재하고 있기에 가능하다고 보인다.

PART 5

미래 산업 방향 예측

5G 이동통신기술
미래차 시대
4차 산업혁명의 미래

5G 이동통신기술

　5G 이동통신은 4차 산업혁명의 근간이 되는 핵심 '인프라'이다. 국제전기통신연합(ITU)의 'IMT-2020' 표준을 따르고, 20Gbps의 전송속도와 1ms 전송지연, 1㎢당 100만 개 기기연결 등을 기본요건으로 하고 있다. 5G는 가상현실(VR), 증강현실(AR), 자율주행차, 홀로그램의 실감미디어, 인공지능(AI)형 사물인터넷(IoT) 서비스의 핵심 기술이 될 것이다. 이를 통해 게임, 관광, 교육, 엔터테인먼트, 자동차, 교통, 건설, 의료, 스포츠 등 산업 다방면에서 변화가 예상된다.

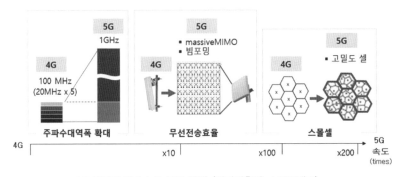

5G 데이터 전송속도 증대 방법 〈이미지출처: 소프트뱅크〉

• 5G 데이터 전송속도 증대

5G에서 데이터 전송속도를 늘리는 방법에는 3가지가 있다. '주파수대역
폭 확대, 무선전송효율 개선, 단위면적당 기지국 수 증대'이다.

주파수대역폭 확대

4G는 20㎒ 대역폭 5개 주파수를 묶어(100㎒ 대역폭), 750Mbps의 속도를
낸다. 5G는 100㎒ 대역폭부터 1㎓ 대역폭까지 늘려 20Gbps의 속도를
내는 것이다. 이미 대역폭만으로도 10배 속도 증가가 있는 것이다. 주파
수를 안 쓰고 있는 연속 100㎒ 대역이 저주파수대에는 없으므로 초고주
파대인 밀리미터파(6㎓~)에서 배정하게 된다.

4G를 위해 이통사업자들이 주파수 할당 대가로 10조 원을 들였다면
5G 때도 주파수 대역 확보를 위해 막대한 경매비가 소요될 것으로 보
인다.

무선전송효율(Spectral Efficiency) 개선

대용량 다중안테나기술(massiveMIMO)[1]을 채택하여 다중안테나 개수에 따
라 4G 대비 수십 배의 전송속도를 높일 수 있다.

스몰셀 증대

5G는 초고주파인 밀리미터파를 사용하는데, 특성상 직진성은 강하지만

---

1) 수십 개 이상의 안테나들이 빔(beam)을 형성하여 가입자에게 대용량의 정보를 전송하는 방식
(예를 들어, 1Gbps를 3명에게 333Mbps씩 나누어 보냄)

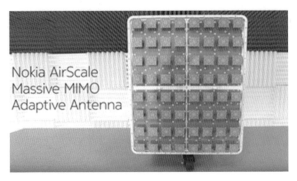

노키아 massive MIMO 〈출처: Linkedin〉

회절성이 떨어지고 전파가 멀리 가지 않아 기술 특성에서 이미 많은 수
의 기지국셀 구축이 필요하다.

· **5G의 현실**

이동통신시장 구도 변화 여부

2007년 kt는 글로벌 규모의 경제를 가지기 위해 전격적으로 WCDMA
망으로 대전환을 감행하였다. 물론 고착화된 이동통신 시장 구도를 변화
해 보려는 의도가 있었지만 큰 변화가 없었다. 또 2009년 kt는 아이폰을
도입하여 스마트폰 시대를 열고, 3G망의 데이터 폭증을 해소하기 위해
CCC망(클라우드무선망)으로 변혁적 망 전환을 시도하였다.

그러나 2011년 LG유플러스가 LTE망을 도입하면서 반격을 가함으로써
kt는 오히려 LTE 시대에 뒤늦게 진입하여 4G 시대에 실패를 경험한 바
있다. 그럼에도 불구하고, 시장구도는 크게 변하지 않았다. 이는 경쟁환

경의 변화를 보고 빠른 전략 변경을 통해 적응해 나가기 때문에 시장 구도를 깨기 어렵다는 것을 보여 주는 사례이다.

5G 역시 시장 선점을 위해 이통사들마다 매진하겠지만 5G 휴대폰이 출시되는 시점, 5G 장비제조사의 장비개발 시점이 5G 상용화 시점이기 때문에 차별을 두기 어렵다. 역시 시장 구도의 변화보다는 5G라는 시대적 흐름을 따르는 것이라고 여겨지고, 5G가 급격한 산업 사회의 변화를 일으킬 것이라는 전제하에 이동통신사들로서는 새로운 비즈니스 모델 개발에 주력하는 것이 타당해 보인다.

완전한 5G 전국망 구축 필요성 여부

3G에서 4G LTE로 넘어갈 때를 한번 생각해 보자. 3G망에서 스마트폰 시대로 넘어가며 데이터 폭발이 발생하고 있다. 2G망만 가진 LG유플러스로서는 3G망을 건너뛰고 4G망에 올인 하여 빠른 전국망 구축으로 스마트폰 시장 경쟁에 대응했어야 했다. 이에 경쟁사 모두 경쟁적으로 4G 전국망을 구축하면서 4G로의 급격한 전환이 이루어졌다.

5G 때는 상황이 다르다. 전국망 구축 필요성이 떨어지고 있다. 그 이유는 다음과 같다.

1) 3사 모두 4G 전국망을 가지고 있다.
2) 밀리미터파 특성상 회절성이 떨어지고 전파 거리가 짧아 농어촌 · 산골지역에는 적합하지 않다.
3) 고속데이터 트래픽이 집중적으로 발생하는 지역은 서울 · 광역시와 전국 23개시 정도이다.
4) 시장구도의 변화없이, 단지 5G 흐름을 따르기 위해 5G 주파수 확보와 망구축에 수조 원을 소요할 것이다.

따라서 도심지역에 5G망이 구축되어 5G 시대가 시작되고, 점차적으로 커버리지가 넓어지다가, 외곽지역은 전파 특성 때문에 현재 4G에서 사용하는 주파수에 5G 기술을 넣어 전국망을 구축하게 될 것이다.(물론 5G 전국망이 중요하다면 빨리 할 수도 있다)

4G와의 병행 사용은 불가피하고, 4G 종료는 4G 단말의 5G 단말로의 전환 시점에 따라 좌우될 것이다. 즉, 실제 5G 전국망은 멀리에 있다.

완전히 새로워질 5G 코어 네트워크는 지금부터 바꿔야!

5G 도입으로 인해 트래픽이 천 배 증가한다면, 또 4G도 4.5G[2]로 발전하면서 100배 이상 트래픽이 증가하는 상황이 온다면 코어 네트워크 변화는 불가피하다. 특징을 살펴보자.

1) 코어 네트워크는 백본망의 대역폭을 크게 넓히고, 네트워크 슬라이싱[3] 기술 도입으로 가상화, 개방형으로 진화할 것이다.
2) 1ms 지연시간과 5G를 포함한 다양한 이기종 망 접속을 위해 백홀망 변화가 수반된다.
3) 융합형 표준(NSA[4])으로 4.5G 네트워크가 5G에도 사용된다.

세계 최초 CDMA · 와이브로 기술 개발, 세계를 깜짝 놀라게 한 4G LTE 시장 주도는 한국의 통신강국 입지를 높였을 뿐만 아니라 세계 통

---

2) LTE-A Pro (pre-5G) 표준. 256쾀, 4x4 MIMO, 다중 CA등 기술을 정의
3) 물리적인 '코어 네트워크'를 다수의 독립적인 가상 네트워크로 분리한 후, 고객 맞춤형으로 서비스를 제공할 수 있는 5G 핵심기술
4) 5G 기지국으로 들어온 전파를 4G네트워크에 연결하는 등 5G와 4G 망을 하나의 네트워크처럼 활용하는 기술 (Non Standalone, 3GPP 릴리스 15 일부)

신장비 및 스마트폰 시장에서 한국의 경쟁력을 높이는 원동력이 되었다. 4차 산업혁명과 연계되는 5G 시대에서도 주도력을 가지기 위해 정부 산·학·연 모두 노력하고 있지만 만만찮은 도전이 예상된다.

미래차 시대

전기차는 자율주행차의 기본 요소다. 전기차에서의 후행은 자율주행차의 경쟁력 저하와 직결된다는 의미이다.

피처폰에서 스마트폰으로 진화할 때 그 당시 1등 기업이었던 노키아나 모토롤라가 몰락한 것도 스마트폰에 대한 그들의 기술력이 떨어져서가 아니다. 1등 캐시카우의 과거 기술을 버리지 못했기 때문이다. '미래차'라는 시대에서도 스마트폰과 같이 새로운 자동차 브랜드가 무수히 등장하고, 무수한 기업이 사라져 갈 것이다. 정신 차려야 할 것이다.

▪ 전기차와 수소차의 경쟁

전기차와 수소차의 싸움은 충전 인프라로 결판 날 것이다. 테슬라라는 선도 기업이 앞서가고 있고, 중국도 스모그로 인해 전기차에 주력하고 있다. 세계는 전기차로 변화해 가고 있다.

뒤늦은 우리나라는 통신분야의 CDMA나 와이브로에서처럼 수소차를 통해 친환경에너지 분야의 글로벌 주도권을 잡으려 할 수 있다. CDMA 사례를 보더라도 글로벌 시장의 10%만 점유해도 시장규모가 엄청나기 때문이다. 면적이 좁은 한국으로서는 충전소 두 가지를 모두 가져 수소차의 레퍼런스 모델을 가져갈 수도 있을 것이다. 그러나 한번 충전 인프라를 구축한 외국의 경우는 전기차를 고수할 것으로 보인다.

전력저장 사업 연계

2020년 전 세계적으로 전지시장 생태계가 생성되면 충전 인프라의 확장과 더불어 전력저장(ESS)[1] 사업이 활성화될 것으로 보인다. 이는 태양광 발전을 촉발시켜 전기차에는 터널링이 발생할 것이다. 바뀌는 것은 순식간이 될 것이고, 주유소보다는 주택·빌딩을 포함한 주차장에 충전시설들이 들어서고, 전기차 오토바이, 전기차 자전거 시장 또한 형성될 것이다.

친환경건축 태양광발전시스템 〈출처: 네이버이미지〉

---

1) 전력을 저장했다가 필요시 공급하는 시스템

• 자율주행차의 진입

자율주행차는 완벽한 전자제품이다. 아이폰이 스마트폰 시장을 열었듯이 역시 스마트카 시대를 열 것이다. 단, 스마트폰 시장과는 차이점이 있다. 사이즈가 크다는 점이다.

스마트폰은 철저히 표준 규격에 의해 움직인다. 글로벌 시장으로 자유롭게 진입이 가능하다. 왜? 표준이기 때문이다! 완전히 새로운 경쟁자가 하이엔드 이미지를 갖추거나 또는 규모의 경제를 가지고 로엔드로도 접근할 수 있다.

자율주행차는 단위 기술(예. 배터리, 센서)의 표준은 있을 수 있지만, 덩치가 커서 자율주행차 전체의 표준화는 되기 어렵다. 그리고 사람의 생명과 직결되어 있다는 문제가 있다. 또한 국가별 사회통념적 수준 차이가 있고, 국가경제 영향도(影響度) 측면에서 국가가 통제권에 있다.

한국 시장에서는 규제나 법·제도에 의해 외국 자율주행차 진입이 늦어질 수 있다. 이 얘기는 거꾸로 한국 자율주행차가 외국으로 진입하는 데에 우려사항이 있을 수 있다는 의미이다. 즉, 스마트폰의 '패스트팔로우'가 자율주행차 시장에서는 어려울 수 있다는 것이다.

• 자율주행차의 주요 반응요소 분석

소비자 반응

자율주행차의 안전도가 100% 될 때까지 소비자는 기다리지 않을 것이다. 안전도가 감내할 수준에서 "고속도로에서 켜 보니까 좋던데!" 이 말 한마디에 소비자 인식이 빠르게 변화할 수 있다. 왜냐하면 수십 년 전부터 초기 자율주행차를 보고 즐겨 왔기 때문이다. 특정 조건에서 사람보다 사고율이 낮다는 것이 입증되면 터널링이 가능해 보인다.

1971년 초기 자율주행차 (영국도로연구소)와 1982년 전격Z작전의 '키트(Kitt)'
〈출처: 네이버블로그〉

정부 반응 = '정부 혁신도'

우선, 수동 주행과 자율 주행에 대한 법률적 기반이 필요하다. 또한 자율주행차의 기본 전제는 전기차이므로 전기차를 위한 충전인프라가 선행되어야 한다. 안전성을 높이기 위한 도로 · 교통시설 재편도 필요하다. 이밖에도 통신 주파수 허가, 보조금과 세제 혜택, 고령화 시대 사회경제적 편익의 정부차원 홍보, 오일머니 · 이익집단 저항에 대한 조율 등 정부의 의지가 가장 중요한 성공요소가 되었다.

전 세계 '국가 혁신도[2]'에 있어서 우리나라는 압도적 우위에 있다. 사회 전반의 혁신 경쟁력도 중요하지만, 필자는 '정부의 혁신도'가 더욱 필요

---

2) 국가별 제조업 부가가치, 고등교육 효율, 연구개발(R&D)과 첨단기술 집중도, 특허등록 활동, 연구원 분포도, 생산성 등이 평가 지표

한 시기라고 말하고 싶다. 한국처럼 전력, 도로 등 기반 인프라를 국가가 담당하는 나라가 많지 않다. 좋은 조건이다.

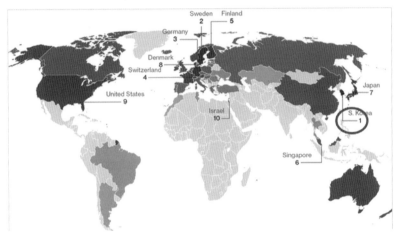

전 세계 국가 혁신도 〈출처: 블룸버그, 2017년〉

생산자 반응 = 나와 경쟁자 반응

신규 참여자가 많을 것이다. 기존 자동차회사 대비 수직계열화나 판매 형태 등에서 많은 차이가 날 수 있다.

스마트폰 분야에서 '대륙의 실수'라 불리는 샤오미의 예를 보자. 온라인 판매로 유통비·광고비 부담을 없앴다. 물량을 제한하여 재고비용을 줄인다. 이후 부품단가를 줄여 나가면서 생산량을 늘려 간다. 소프트웨어 경쟁력으로 승부를 건다. 고객 의견을 적극 반영하여 충성도를 높인다. 액세서리로 돈을 번다. 미래차는 전자제품이기 때문에 충분히 벤치마킹이 가능하다.

영업이익률 41%라는 경이로운 기록을 보유한 애플의 경우를 보자. 스마트폰 퍼스트 무버이다. 하이엔드 이미지와 높은 고객충성도를 가진다. 1년에 1개 모델만 출시한다. 규모의 경제를 가질 수 있다는 의미이다. 전세계 부품 공급망과 중국에 공장을 두고 단가를 후려친다. 제조원가율 30%는 상상하기 힘든 수치이다. 자신은 디자인·신제품 개발·판매에만 신경 쓴다. 퍼스트 무버 혁신에 대한 보상이다.

신규 참여자 테슬라를 보자. 로봇이 만드는 공장으로 규모의 경제를 가져가면서 디자인·설계·개발·조달·생산·시험·판매·AS로 이어지는 사슬구조 수직계열화를 가져가려 한다. 퍼스트 무버이다.

사슬구조 옵션사항 (신규 진입 시 의사결정 사항이다)

기존 자동차 1등 기업 도요타는 어떠할까? 지진 때문에 글로벌 부품조달 체계를 만들고, 원가 구조 개선과 공통 플랫폼을 만들어 '하이브리드', '전기차·수소차', '자율주행차'로 이어지는 진화 패스를 형성해 가고 있다. 패스트 팔로워이다. 기존 캐시카우에서 수익을 극대화하면서 넘어가겠다는 전략이다.

소비자의 인식이 "이용하기 두렵다"에서 "편하다"로 변화되면 곧바로 전환할 수 있는 체계를 그들은 모두 가지고 있다.

스마트폰과의 차이점은 규격화된 부품을 끼워 맞추어 곧바로 따라갈 수 없다는 점이다. 차 사고가 날 경우, 생명에 영향을 주기 때문이다. 타깃 시장의 도로 환경에서 오래도록 안정성을 확보한 소프트웨어를 갖추어야 하기 때문에 쉽게 따라잡지 못한다는 것이다. 법·제도는 말할 것도 없다.

기술자 반응

자율주행차 기술의 처음과 끝은 '완벽'하게 만드는 것이다. 자율주행의 완벽성 정도에 따라 레벨이 정해져 있다. 국제자동차공학회(SAE)는 6단계로 구분한다.[3] 레벨3의 '조건부 자율운전' 시대로 접어들고 있다.

자동차가 판단하는 기술과 외부 판단지원 기술이 오버랩 될 것이다. 자동차 판단은 부착된 센서(카메라·레이더·라이다·소닉)와 지도를 이용하여

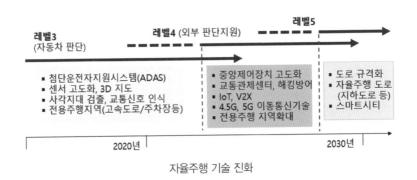

자율주행 기술 진화

---

3) 레벨0 자율주행 없음, 레벨1 주행지원, 레벨2 부분적 자율운전, 레벨3 조건부 자율운전, 레벨4 고도 자동운전, 레벨5 완전 자율주행

차량이 자율주행을 제어한다. 외부 판단지원은 차량이 외부와 커넥티드 (connected)되어 각종 데이터를 주고받아 자율주행을 지원받는 것이다. 기술적으로는 차량대 사물통신(V2X) 기술, 4.5G 이상의 이동통신기술, 도로교통 지원 체계, 해킹방지 기술 등이 개발되어야 한다.

· 법적 책임의 타협점

자율주행차의 장애요소는 사고 발생 시 법적 책임 문제이다. 강남역 뒤 비좁은 이면도로를 생각해 보자. 쏟아지는 사람들을 헤집고 자율주행을 할 수 있을까? 여기는 센싱의 문제가 아니다. 주변 사람 걸음걸이와 태도를 보고 '내가 액셀을 밟을 때 지나가던 사람이 멈춰 줄까 말까'를 결정하는 감각과 심리의 문제이다.

다시 말하면, 자율주행이 어려운 도로, 가능한 도로가 있다는 의미이다. 이 가능한 도로('전용주행 도로')에서 자율주행으로 전환하는 것이 급선무이다. 운전자의 동의 개념이고, '조건부 자율운전'의 개념이다. '사고에 대한 책임은 운전자에게 있다'는 암시이다. 두려움이 있다면 직접 운전할 것이고, 사고보다 편의성이 입소문으로 퍼지고 신뢰가 쌓이면 사용률이 높아질 것이다. 이것이 운전자 · 제조사 · 보험사 · 법제도의 타협점이 될 것 같다.

도로 실증구간의 확대와 실제 사용율의 증가가 있더라도 후발사업자로서 진입은 장벽이 될 수 있다. 안정성 확보에 시간이 필요하기 때문이다.

- **고객충성도 = 고객 참여**

고객충성도는 고객 참여에 있다. 고객이 의견을 내고 이를 적극 반영하면서 소프트웨어로 승부를 본다는 개념이다. 샤오미의 특징이다.

자율주행 설계 플랫폼이 규격화되고 인공지능 로봇생산이 일반화되면, 적어도 디자인 영역에서의 고객 참여를 통해 고객맞춤형 제품화가 가능할 것으로 보인다.

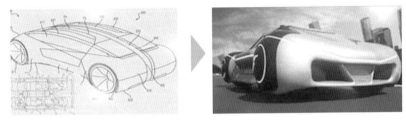

디자인영역 고객 참여의 예 〈출처: 구글이미지〉

- **고객은 '롱라이프'를 원한다!**

스마트폰의 역사를 한번 보자. 휴대폰 평균 교체 주기가 2년 남짓일 만큼 정말 빠르게 바뀐다. 2년 정도 지나면 이미 구식이라는 느낌이 든다.

자동차는 스마트폰처럼 쉽게 새로 살 수 있는 제품이 아니다. 교체 주기는 6년 정도로 추정된다. 여타 전자 제품들의 이미지처럼 쉽게 구식이 될 것이다. 고객은 연이어 나오는 신제품에도 뒤지지 않는 '롱라이프'를 원할

휴대폰 역사 〈출처: LG유플러스 블로그〉

것이다. 백램프, 전조등, 사이드미러, 타이어휠, 라디에이터 패널, 심지어 도어까지 액세서리화 하는 것이다. 플러그인의 개념이다.

어쩌면 샤시·바디 빼고 다 바꿀 수 있다는 목표로 접근해 보면 어떨까? 3D 프린팅, 인공지능 로봇, 가상현실 기술, 빅데이터 등 제반 여건은 충분해 보인다. 과거 LG 가전제품 수명이 10년 이상 되었다 해서 판매가 줄었다는 얘기는 들어 보지 못했다. 오히려 '롱라이프' 효과로 고객충성도가 증가하고 있는 것이다. 새로운 시대의 초기 이미지는 쉽게 바뀌지 않을 것이다. 신규 참여자는 '롱라이프'에 대해 긍정적 검토가 필요해 보인다.

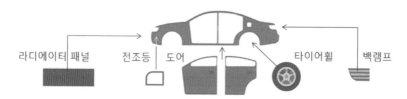

'롱라이프' 플러그인 액세서리 〈출처: 구글이미지〉

4차 산업혁명의 미래

중국과의 경쟁

'중국 제조 2025' 플랜은 2016년부터 2020년까지 중국의 5개년 제조 산업정책이다. 제조업에서 본격적인 경쟁이 시작되는 것이다. 주력 전략산업으로 차세대 IT · 로봇 · 바이오의약 · 신소재 · 에너지 · 친환경자동차 등이 포함되어 있다. 이미 조선, 철강에서는 중국의 경쟁력이 우리를 넘어섰다고 보인다. 이제 한국의 주력사업들이 모두 중국과 경쟁을 해나가야 한다.

중국의 GDP 성장률은 6% 이상이다. 100에서 200이 되는 100% 성장과 1000에서 2000이 되는 100% 성장은 비교가 되지 않는다. GDP가 11배나 큰 중국이 매년 6% 이상 성장하는 규모의 경제는 두려울 뿐이다. 정부의 거버넌스뿐만 아니라, 종래의 기업 경영방식이나 경영 툴이 더욱 미래지향적으로 바뀌어야 된다는 의미이다.

기술 혁명의 전제

4차 산업혁명은 인공지능, 로봇, 3D 프린팅, 가상현실, 사물인터넷, 자율주행차, 나노기술, 바이오기술과 같은 기술의 혁명이다. 사회 전반의 변화를 이끌어 가는 도구이다. 이러한 변혁적 기술로 만들어 지는 사회를 누가 먼저 시작하는 가가 관건이 될 것이다. 즉 정부 주도와 국가 통제가 불가피하다는 의미이다. 국가 인프라스트럭처 투자, 법·제도·규제의 대개혁이 전제된다.

로봇이 바꾸는 변화

생산 비용절감을 위한 '오프쇼어링(off-shoring)[1]'이 로봇기술 발달로 '리쇼어링(re-shoring)[2]'으로 바뀌고 있다. 전 세계적인 추세이다.

로봇이 자율가동하는 스마트 공장 예 〈출처: 네이버포스트〉

---

1) 값싼 임금을 따라 생산기지를 국외로 이전하는 현상
2) 본국을 떠났던 자국 기업이 다시 돌아오는 현상 〈출처: 매일경제용어사전〉

이들 로봇 공장들을 중심으로 첨단기술이 집약된 4차 산업 전진기지를 만들어 가는 것이 필요해 보인다.

물론 대량 실업의 우려가 있을 수 있다. 4차 산업이 만들어 내는 신사업으로 '고용 창출'이 될 것이다. 실업자가 되지 않으려면 변해야 한다. 변화하지 않으려는 인간의 기본적인 저항을 극복해야 할 것이다. 1990년대 말 닷컴 열풍은 버블로 끝났지만, 4차 산업의 신사업 열풍은 실질적인 창업 시대로 만들어 가야 할 것이다.

인공지능의 발전

지금의 인공지능 비서는 음성을 인식해서 미리 지정된 반응을 한다. 이들이 지능체가 되려면 학습데이터와 영상데이터, 대화데이터, 감각데이터, 여기에다가 감정데이터, 생활데이터를 가지게 될 때, 비로소 인공지능체가 될 것이다. 인간 영역이 존재한다는 의미이다.

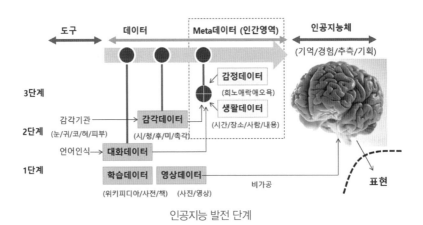

인공지능 발전 단계

인간이 느끼는 것을 그대로 저장할 수 없기 때문에 나의 분신이더라도 나와 동일한 지능체가 될 수 없다. 예를 들어, 나와 모든 것을 함께하는 안경이 있다 하자. 내가 가는 장소, 만나는 사람, 주고받는 대화 정보를 모두 저장한다 하더라도 나의 감정과 구체적 내용을 알 수 없다는 의미이다.(단, 로봇이 감정을 가지는 것은 별개로 함)

따라서 인간의 지시와 명령에 따라 자신이 가지고 있는 데이터를 보여주고, 정해진 일을 수행하는 지능체 수준일 것이다. 지능체의 기본 능력은 음성인식이다. 음성인식의 단점은 외부잡음이다. 그런 측면에서 자동차는 최적의 환경이다. 댁내 환경은 잡음 요소가 너무 많아. 혼자 살지 않는다면 사람에 가깝게 대화 장치가 항상 있어야 한다.

도시 재창조 = 스마트시티

도시는 교통 · 에너지 · 주택 · 의료 · 교육 · 인프라 등 인간과 관련된 모든 서비스가 집약된 공간 영역이다. 4차 산업혁명의 기술이 지향하는 대상이다.

중국은 개혁개방 정책의 일환으로 1980년대 중반부터 30년간 도시 재창조를 진행해 오고 있다. 대도시는 교통 혼잡, 상하수도 노후화, 주택부족과 공해와 같은 문제에 시달리고 있다. 인도 역시 도심 인구 증가에 따른 도시 인프라 재생이 불가피하다. 국가적 사업이고 장기간 소요된다.

영화 〈제5원소〉의 미래도시 장면을 보면 도로, 지상, 지하까지 꽉 짜인 플랫폼이 필요하다는 의미이다. 모두가 법 · 제도 · 규제의 테두리 안에서 국가가 통제권을 가지고 있음을 보여 준다. 국가 이익에 우선한 참여 제한까지 가능해서 수출로 먹고사는 우리나라로서는 이 환경 자체가 심히 우려된다. 즉, 종래의 개방형 생태계 구축을 통한 시장 진출이라는 접근 방식은 변화되어야 할 것이다.

1997년 영화 〈제5원소〉의 나는 자동차 〈출처: 네이버블로그〉

국내에서 실증도시를 만들어 보여 주고, 타깃 시장에서는 시험단계부터 참여하여 동화되어 가야 한다는 의미이다. 4차 산업혁명 환경에서는 커넥티드 대상이 너무 많다. 연동규격 차이, 안정성 확보기간, 참여 제한 등 시장 진입에 많은 시간이 소요될 것이다. 패스트 팔로워라면 이를 고려하여야 할 것이다. 앞으로는 직원들 뽑을 때도 5개 국어, 4개 국어를 구사하거나, 타깃 시장 언어를 잘하는 직원을 뽑아야 할 것이다. 번역기로 대화하는 수준이 아니라 '동화'되어야 한다.

지금까지 미래 산업 방향에 대하여 필자의 견해를 적어 보았다. 5G 이동통신기술, 미래차 시대, 4차 산업혁명의 미래에 관련한 내용이다. ABS 경영 얘기하면서 웬 미래 얘기냐고 의아하게 생각할 수도 있을 것이다. 경영자 리더 요건 중 미래 예측과 통찰력은 기본사항이다. 4차 산업혁명이 이끄는 기술환경 · 시장환경 · 경영환경의 변화를 지속적으로 파악하라는 의미에서 적어 본 것이다.

또 과거 사례가 많은데 이는 '과거에서 연속되는 현재와 미래를 조명'하기 위해서다. '장강의 큰 물결'을 보자는 것이 필자가 미래를 바라보는 원칙이다. 로또를 사야 로또에 당첨될 수 있는 것처럼 항상 미래를 생각하여야만 미래가 보일 것이다.

또 통신 분야 사례들이 많았을 것이다. 필자가 이 분야에서 31년간 종사하면서 듣고 본 경험 사례들이라 이해해 주기 바란다.

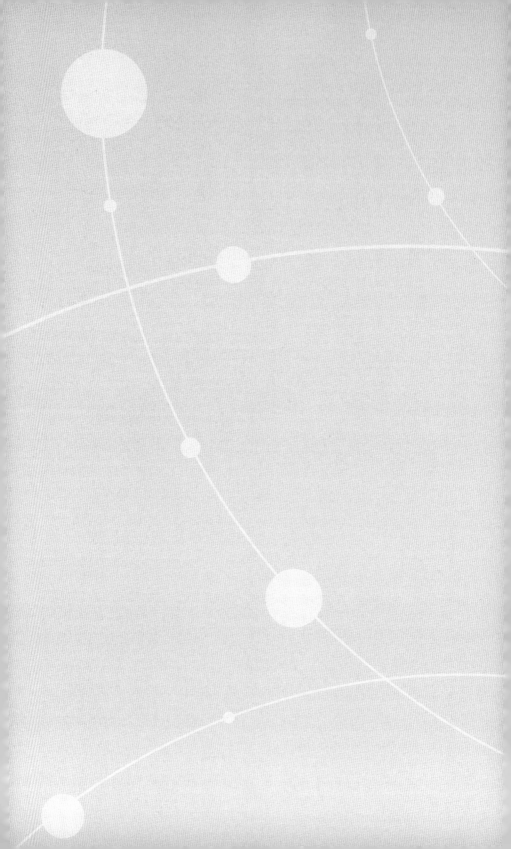

PART 6

미래조직

- **조직의 함정**

조직이 만들어지는 순간 목표를 가지게 되고 목표 대비 실적으로 평가를 받기 때문에 자연스럽게 그 목표에 반(反)하는 것을 배척하게 된다. 다른 조직의 업무가 회사에 지대한 영향을 끼칠 수 있더라도 자신이 우선일 수밖에 없는 사람 심리 때문일 것이다.

또, 조직이 만들어지면 조직을 영위하기 위해 자신의 일을 만들어 가야 한다. 그래야만 조직이 존재할 수 있기 때문이다. 일을 거창하게 만들어야, 달성했을 때 평가를 잘 받는다. 자신이 잘할 것 같은 일을 회사 경영목표에 어떻게든 연계시켜 목표로 잡는다. 1년 뒤에 엄청 열심히 한 것처럼 하면서 온갖 채널을 동원해 평가를 잘 받으려 한다.

조직이 커져 가는 회사에서는 잘 보이지 않는다. 조직이 오래도록 커져 기존 캐시카우 사업이 여러 개 있고, 미래 사업들이 등장할 때 문제들이 발생된다.

통상 변화에 대한 내부저항, 조직 이기주의 등으로 불리는 것들이다. 조직의 함정이다.

조직 매너리즘의 징조

과거 성공했던 조직, 현재의 캐시카우 조직, 미래사업 조직이 운영되고 있다면, 매너리즘에 빠져 있다고 보면 된다.

각 조직은 자신의 성과를 위해 인력의 뺏고 뺏김에 치열하다. 특히 유능한 직원이라면 더욱 그렇다. 비슷한 업무를 하는 직원들이 중복되어 있음에도 새로운 조직은 또 직원을 채용해야 한다. 인적자원은 성과 달성에 직결되기 때문에 인력 지원을 해 주면 나에게는 부메랑이 되는 것이다. 회사 인적 자원이 남아도는 것 같아도 항상 직원은 부족하다.

과거와 현재에서 성공을 향유하고 있는 조직은 틀에 박힌 일정한 방식으로 일하고 있을 것이다. 매너리즘에 빠져 있는 것이다.

이들의 일은 통상적으로 작년 동일한 페이퍼를 가져와서 수치만 조정하고, 시장환경 변화를 감안해 투자 시점만 수정해 주면 끝날 일들이다. 이것을 거창하게 만들어야 하고, 신규 사업의 새로운 조직 일들을 별것 아닌 것으로 치부하여야 평가를 잘 받게 된다. 회사 방향과 반대되는 부작용을 나타내는 것이다.

혁신의 상징이었던 노키아의 몰락을 보면 쉽게 알 수 있다. 성공을 거듭해 가면서 조직이 거대화되고, 관료주의적으로 바뀌고, 더욱 안정 지향적인 문화로 바뀌었을 것이다. 다 쓰러져 가는 상황에서도 2011년 판매량 기준 세계 1위는 노키아였다. 아이폰이 2007년 등장하고도 무려 4년이 지난 다음에도 말이다. 아마도 노키아의 기존 캐시카우 조직들은 자신을 위해 스마트폰으로의 변화를 가로막았을 것이다.

▪ 미래조직의 개념

직원이 어디에 속해 있든지 과거, 현재, 미래 사업 활동을 하면서 성과를
내는 조직 구조가 '미래조직'의 개념이다.

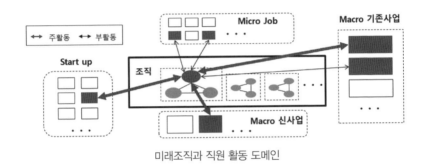

미래조직과 직원 활동 도메인

이동통신을 예로 들어 보자. 4G 사업은 매크로 기존사업, 5G 사업은 매
크로 신사업, 소물인터넷(NB-IoT) 업무는 마이크로 잡(Job), 주차장 앱 개발
과 같은 아이디어 일은 스타트업(start up) 업무이고, 직원은 이들 모든 사업
에 주 활동, 부활동으로 참여할 수 있는 구조이다.

저 그림을 보면 느끼는 것이 있다. 도요타 공장에서 일을 하는 직원의 모
습을 그림으로 그리면 아마도 바로 저 모습일 것이다. 수직적 계열이 아닌
수평적 도메인에서 조직 간 일들이 이루어진다.

과거에는 조직이 만들어지면 유능한 직원을 죽인다. 그들의 역량 발휘
기회를 조직이라는 테두리가 가로막기 때문이다. 혹여 다른 팀 일이라도
도와주면 보스의 따가운 눈총을 받을지도 모른다. 이제 유능한 직원은 마
음껏 자신의 역량을 발휘할 수 있다. 회사의 성과는 극대화될 것이다.

▪ 잡(Job) 기준 미래조직의 연결

　프로세스의 특정 업무에 주 활동 조직이 있더라도, 유사 업무 부서나 업무 유경험자들이 참여하여 성과를 낼 수 있다.

　과거 새로운 조직이 하나 만들어졌다고 생각해 보자. 업무목표가 부여되는 순간부터 모든 일은 자신이 해야 한다. 주변은 방관자다. 새 조직의 성과가 잘 나오기라도 하면 자신이 영향을 받기 때문에 자신의 일만 열심히 한다. 사업이 커져 충원이 필요해도 인력 확충은 어렵다. 경력직 직원을 또 뽑아야 한다. 이런 상황이 5년, 10년 계속되면 전체 조직은 공룡 조직이 되는 것이다.

　하지만 ABS 경영의 미래조직에서는 다르다. 활동에 사람들이 몰려오기 때문이다. 주관부서가 있다면 이들 활동을 잘 모으고, 성과가 극대화될 수 있도록 잡(Job) 분배만 잘 수행하면 될 것이다.

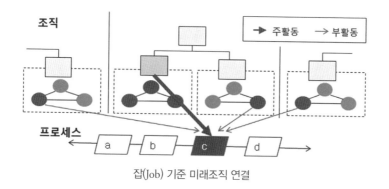

잡(Job) 기준 미래조직 연결

• 가상조직과 활동의 연결

가상조직은 단기간 일시적으로 구성되는 조직이다. 갑작스런 품질 저하
를 풀어내거나, 시스템 오류 해결, 경쟁 대응상품 조기 출시 등 특정 목적
을 가지고 있다. 동일 근무 공간을 가질 수도 있고, 사내 전산 시스템의 커
뮤니티로 구성될 수도 있다. 어떤 형태든 가상조직의 활동조차도 자신 활
동의 한 부분으로 일을 수행하는 것이다.

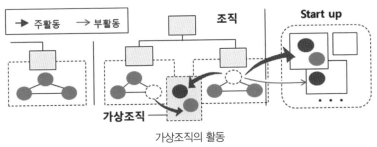

가상조직의 활동
(점선 팀/직원이 가상조직에 속하더라도 다른 활동을 한다는 것을 보여 줌)

유연한 조직편제 운영

주간·월 단위로 임의 조직에서 발생한 인당 활동점수가 최저라든지, 거
의 발생하지 않았다면 그 조직은 검증작업을 거친 후 조직 다운사이징에
들어간다. 그 반대의 경우, 조직편제의 확대를 시행하는 등 조직편제를
유연하게 운영할 수 있다.

과거는 조직 신설부터 복잡하다. 직무를 분석하고, 조직을 만들어서, 직
무 분장을 새롭게 하고, 사람까지 뽑고 나서야 시작된다. 인력 확보부터

난관이다. 유능한 인력을 선발하는 것은 더욱 힘들 것이다.

ABS 경영에서는 프로세스에 활동을 신설하고, 주관부서를 넣고, 활동점수를 부여하면 곧바로 시작된다. 주관부서장이 가상이든 상설이든 조직을 구성해 활동을 늘려 가면 된다.

사례의 문제점을 읽고 "요즘 이런 기업이 어디 있냐?"고 반문할지도 모르겠다. 표현상 조금 과장된 부분이 있음을 이해 바란다.

토털 코워크(Total Co-work)

기존 팀워크 개념

전통적인 팀워크란, 팀 단위의 협력적 활동을 통하여 기업 경영목표를 달성해 가는 것을 말한다. 팀 단위 목표를 달성하기 위하여 팀원마다 주어진 역할과 책임을 다하는 데에 팀원들 간의 단합과 협동심을 강조한다. 이를 통해 목표 달성을 위해 모두가 정진하고, 부족한 부분이 발생하면 협동하여 보완하여 나감으로써 팀 성과 극대화와 기업 경영성과 극대화를 추구한다는 개념이다. 이러한 전통적 팀워크는 여러 가지 단점을 가지고 있다.

1) 팀 단위, 팀원별 역할과 책임을 부여한다는 자체가 기업환경적 변화에 신속하게 대응하기 어렵다는 것을 의미한다. 이러한 적응력이 부족한 상태에서의 팀워크 강화는 오히려 부작용을 초래할 수 있다.
2) 팀 단위 목표를 경영목표와 정확히 일치시키기 어렵고, 높은 우선순위를 가지는 활동에 자동 정렬시키기도 어렵다.
3) 팀워크의 지나친 강조는 조직 전체보다 팀 단위의 업무 성과에 초점이 맞춰져 있기 때문에 필연적으로 팀 간 경쟁을 유발하게 되고, 조직 이기주의 발생을 암묵적으로 내포하고 있다.

4) 의욕적인 자기주장을 펼치기보다는 일방의 지시에 순응하는 형태를 띠게 된다. 예를 들면, 타 팀 업무 문제를 조직 분위기 해쳐 가면서까지 제기할 필요성을 느끼지 못할 것이다.

토털 코워크(Total co-work)로 전환

ABS 경영에서는 개인은 조직 전체 직원들과의 토털 코워크를 가져야 된다. 개인의 창의성·자기혁신·도전정신이 발휘되지만 서로 간 커뮤니케이션을 통해서 협력·협동·협업 체계를 구축한다는 개념이다.

물론 종래의 팀 단위 구성은 필요하다. 이는 기능적 조직에서 부서별 업무분장의 큰 틀을 유지할 필요가 있고, 토털 코워크 역할을 배워 나가는데 팀이라는 기본 테두리가 필요하기 때문이다.

'팀워크'에서 '토털 코워크'로 〈출처: 네이버이미지〉

토털 코워크의 기업을 그려 보자. 팀 이익보다는 회사의 전략과 경영목표 달성을 우선시하고 이를 위해 조직 전체 직원들과 협업하여 자신의 활동을 일치시켜 나갈 것이다. 고객에게 더 높은 가치를 가져다주기 위해 조직 전체 직원들과 코워크 하는 모습이다.

아이디어 사업화 조직

　많은 기업에서 아이디어 사업화 조직을 만들어 운영하고 있을 것이다. 이들 역시 조직이라는 타이틀로 만들어졌기 때문에 앞서 얘기된 조직의 문제점이 그대로 드러난다. 즉, 조직을 만든 다음부터는 자신들이 헤쳐 가야 한다. 기존 조직의 도움이 필요할 때 기존 조직에서의 업무 우선순위는 한참 밀려 있기 때문이다. 중국말로는 '꽌시', 우리로는 '사내정치'가 필요하다.

　아이디어 팀 참가자에 대한 주변의 반응은 어떨까? 전쟁터로 비유하자면 "우리는 이렇게 백병전 · 고지전 하는데 후방에서 수개월 뒤에나 나올지도 모르는 미사일을 개발하고 있다."고 생각할 것이다. 커다란 '벽'이 하나 만들어져 있다고 보면 될 것이다.

　ABS 경영에서는 아이디어 사업화 팀을 만들고, 가상 조직 활동으로 참여하면 된다. 기존 유경험자들의 지원이 필요하면 커뮤니티에 띄우고 요청하면 된다. 높은 활동점수를 받을 수 있기 때문에 전폭적인 지원을 받을 것이다.

　아이디어 발굴을 통한 신규 사업화 조직은 전 세계 많은 기업에서 여러 가지 방식으로 운영되고 있어 많은 사례들을 찾아볼 수 있다. 이 중 몇 가지를 소개해 보고자 한다.

초연결 기업(Connected Company)[1] 에서의 조직

작은 소규모 조직('팟'(pod))이 유기적으로 연결되어 복합체를 형성하는 조직이다. 각 팟은 하나의 작은 기업처럼 움직이고, 변화에 대응하며 학습해 나간다.

이 조직들은 각각 자신이 맡은 분야에서 전문성을 가진 리더 하에 다른 조직들과 소통한다. 구성원들은 상하관계가 아니라 수평적 관계에 있기 때문에 더 잘 소통한다. 기존 기업의 조직구성은 계층과 기능에 따라 업무를 분리하는 사업부 형태의 수직적 · 계층적 위계구조이다. 기능 간 소통이 되지 않고, 의사결정 과정이 복잡해 변화에 빠르게 대응하지 못한다.

초연결 기업 개념 〈출처: 매일경제〉

소비자들이 인터넷이나 소셜네트워크(SNS)를 통해 들려오는 고객의 니

---

1) 데이브 그레이(Dave Gray) 저서, 〈출처: 매일경제〉

즈(Needs)를 듣고 이를 서비스에 반영하는 업무활동을 수행한다. 큰 조
직보다 더 유연하게 대응하고 변화에 대한 대응 속도가 빠른 것이 특징
이다.

즉각적 '팀 구성'(Teaming)[2]

시시각각으로 변하는 상황에 맞춰 언제든지 팀 구성(Teaming)을 통해 협
동성을 극대화하는 구조이다. 누구도 예측 못한 갑작스러운 변화가 닥칠
때 이미 존재하고 있는 팀은 취약점을 드러낸다. 빠른 팀 구성을 통해 부
서 간을 넘나들며 빠르고 즉각적인 협동성을 발휘해야 한다.

팀 구성의 목표가 달성되면 팀은 해체되고, 또 다른 목표가 세워지면서
그에 걸맞은 새로운 팀이 출범하는 것이다. 좋은 팀 구성을 위해 5가지
단계를 제시하고 있다.

팀 구성(Teaming)의 5단계 〈출처: 매일경제〉

시몬스의 사례를 살펴보자. 1990년대 3개의 팀을 구성한다. 조직 비효율

---

2) 에이미 에드먼슨 (Amy Edmondson) 인터뷰, 〈출처: 매일경제〉

개선팀, 판매 증진팀, 딜러와의 관계개선팀이다. 그러나 영업비 축소나 판매 실적 증대, 딜러들의 높아진 만족도 등을 달성하기 어려웠다. 명확한 목표를 갖고 이에 매진하는 팀을 운영하였음에도 말이다.

그 이유는 2000년대 이후 고객 욕구가 다양해지면서 빠르게 의사결정을 해야 하는 상황에서, 팀 이해관계 상충과 우선순위를 정하는 문제에서 이견을 보이면서 팀끼리 마찰이 심해졌고, 결국 목표 달성은 고사하고 경쟁자들에게까지 뒤쳐지는 결과를 낳았던 것이다.

즉, 변화하는 상황에 맞춰 그때그때 어울리는 효율적 '팀 구성(Teaming)'을 통해 협동성을 강화했어야 했다는 의미이다. 직무에 따라 팀을 나눠 그 테두리 안에서만 일하게 하는 것을 방지하려는 목적이다.

삼성전자의 C랩[3]

C랩은 다양한 아이디어를 사업화까지 지원해 주는 소규모 혁신 조직이다. 직원이 C랩 공모전에 참여하여 선발되면 3~4명이 팀을 이뤄 현업 부서에서 벗어나 1년간 아이디어 실현에 집중하게 된다.

팀 구성부터 예산과 인력운용, 일정 관리 등을 자유롭게 할 수 있다. 직급이나 호칭, 근태 관리에 구애받지 않고, 과제 결과에 대해서만 평가와 보상을 받는다. 원하면 외부 스타트업을 설립할 수도 있고, 현업

---

3) Creative Lab, 2012년 도입. 〈내용출처: EBN, 조선일보〉

부서에 재배치될 수 있다.

소규모 스타트업이 가진 장점, 즉 신속한 실행력, 실패 장려, 도전 정신이 가미된 하이브리드 혁신 구조를 택하고 있다.

삼성전자 C랩 출신 주요 스타트업 사업 괄호 안은 독립 시기

이놈들연구소(2015.8)
스마트 시곗줄을 이용해 손가락을 귀에 대는 것만으로 통화. 글로벌 크라우드펀딩 킥스타터에서 150만달러 유치

솔티드벤처(2015.8)
골프 스윙 교정을 돕는 스마트 신발. 2017 CES에서 웨어러블 테크놀로지 분야 혁신상 수상

스케치온(2015.11)
원하는 그림을 피부에 문신처럼 새기는 프린터. 유럽 최대 스타트업 대회인 슬러시2016에서 톱4에 선정

웰트(2016.5)
비만과 과식을 관리해주는 스마트 벨트. 2016년 K글로벌 IoT 대상 수상

모닛(2017.4)
센서를 이용해 아이 대소변 등의 상태를 체크해주는 스마트 아기띠

키튼플래닛(2017.4)
아이들이 좋아하는 캐릭터를 이용한 게임으로 양치 습관 길러줌

태그하이브(2017.4)
아이들이 장난감처럼 이용하는 모바일 기기

에스스킨(2017.4)
피부의 수분 함유량과 홍반, 멜라닌 지수 등을 측정하는 기기

룰루랩(2017.4)
여드름, 기미, 피지 등 눈에 잘 보이지 않는 부분까지 피부 상태를 측정하는 기기

자료: 삼성전자

계층 구조 없이 모두가 동등한 위치에서 업무를 본다.('홀라크라시', 'Holacracy'라 불림) 리더가 프로젝트 구성원 모두에게 권력을 분배하는 형태이고, 아이디어를 제시한 팀원이 자신의 팀을 지휘하고 외부 인력에게도 기회를 줄 수 있다.

과제화 프로세스는 아이디어가 발굴되면 콘셉트 개발 단계를 거쳐 프로토타입 개발 증명으로 이어진다. 이후 시제품을 글로벌 전시회에 선보이고, 성공적으로 진행되면 출구(Exit) 단계로 넘어가 삼성전자 내에 남거나 분사(스핀 오프, spin-off)되게 된다.

수퍼셀의 셀(Cell) 조직[4]

게임 '클래시 오브 클랜'으로 유명한 핀란드 게임업체이다. 게임 회사는 대부분 개발자들이 게임을 만들면 이를 위의 관리자가 승인하는 구조였지만, 수퍼셀은 다르다. 5~6명이 한 개 셀(팀)을 이뤄 개별 셀이 게임을 만들고, 상업화까지 책임지는 구조다. 게임 개발과 관련된 전권을 각 셀이 가지고 있는 것이다. 조직이 작아지면 의사결정 과정이 그만큼 간결해진다.

과제화 프로세스는 다음과 같다. 각각의 셀이 아이디어를 내고, 아이디어가 좋다고 판단되면 게임으로 만들게 된다. 만든 게임을 팀원이 전부 좋아하면 우선 한정된 시장인 캐나다 앱스토어에 올려본다. 거기에서 반응이 아주 좋으면 세계시장에 내놓는다. 이때 별도 유통채널을 가지지 않고 모바일 시장의 '앱 마켓'을 통해 글로벌 시장으로 확산하는 전략을 추구하였다.

---

4) 핀란드 벤처기업. 2016년 텐센트가 10조 원에 인수하였다.

'수퍼셀'의 대표적 게임 '클래시 오브 클랜' 〈출처: 네이버블로그〉

또 다른 수퍼셀의 강점은 '실패'에 관대하다는 점이다. 중간에 개발이 중단되면 실패 원인을 찾는 데 집중하고 배워 가는 것이다. 예를 들면 모든 모바일 기기, 즉 태블릿이나 스마트폰 모두에서 게임을 즐길 수 있도록 개발했으나 잘되지 않았고, 아이패드용 게임에 집중하여 성공할 수 있었다는 식이다.

필자는 S전자에 다닐 때 이상하게도 완전히 새로운 개발 업무들을 많이 경험했다. 예를 들어 우리나라에서 단 한 명만이 개발하는 업무 정도로 이해하면 될 것 같다. 안내데스크 교환기(ACD) 개발, 아날로그 셀룰러 (AMPS) 핸드오버 개발, 루트시퀀스 개발, 음성사서함(VMS) 정합 등이다. 이들 업무를 수행하는 데 있어서 굳이 아이디어 팀들을 만들 필요가 있었을까? 이들은 매크로 영역 업무의 서브 아이템들이다.

아이디어 조직은 직원의 아이디어 '발굴에서부터 사업화까지' 이어지는 기술개발 마인드를 키우고, 창조적 도전 경험을 키우게 하는 데에 큰 도

움을 줄 것이다. 또, 벤처기업으로 키워 이들이 글로벌한 경쟁력을 가지
게 함으로써 수조 원에 달하는 인수합병의 대상이 되어 펀드투자의 고수
익을 바라볼 수도 있을 것이다.

그러나 이들은 마이크로 잡(job) 영역의 일이다. 또, 아이디어 과제화 조
직이라 할지라도 조직이라는 테두리를 만들면 그 순간부터 기존 부서와
의 벽이 만들어진다. 왜냐하면, 기존 현업 부서 직원들과 동질감을 가지
기 어렵기 때문이다.

열정과 도전의식이 충만한 '젊은' 직원들은 미래 기업을 이끌어 가야 할
중요 자산이다. ABS 경영에서의 미래조직 개념과 같이 기존 조직에서
활동으로 참여하고 감각을 익혀 가는 것이 더 바람직할 것이다.

인수합병의 통합 조직

기술 발달로 인한 복합기술로의 진화와 이에 따른 고객 니즈의 변화 등으로 이제는 '성장이 아니면 곧 도태된다'는 새로운 무한경쟁의 환경이 도래하고 있다. 사업다각화, 신속한 시장진입, 원천기술 획득 등을 위한 인수합병은 4차 산업혁명의 시대에 더욱 많이 이루어질 것이다. 4차 산업혁명의 특징은 '이제 시작'이라는 점과 '앞으로 갈 길이 멀다'는 점일 것이다.

따라서 인수합병만으로 미래 기술을 다 가진 것이 아니라, 계속 첨단화시켜야만 인수합병의 목적을 제대로 이룰 수 있다. 시장은 무서운 속도로 변하고 있다. 인수합병 후에 앞으로 나아가지 못한다면 이미 실패한 것이나 다름이 없을 것이다.

마이너스 교집합(Intersection Set) 개념

인수합병은 초기 과도한 지출이 소요되고 합병 이후 안정적 통합이 되지 않았을 경우 실패 리스크가 발생할 수 있다. 즉, 핵심 직원들의 이탈, 품질저하와 유통망 · 공급망 · 거래처의 이탈이 진행된다면 최악의 상황으로 전개될 가능성이 높다는 것이다.

따라서 인수 후 통합과정(PMI)을 통하여 조직 구성원들 간 이질적 기업

문화 요소를 제거하고 최단 기간 경영정상화를 이루어 나간다.

인수합병의 마이너스 '교집합' 〈이미지출처: 네이버이미지〉

그러나 기업문화나 업무프로세스 · 업종 · 시장규모 · 업무관행 · 사회문화 등의 차이가 기본적으로 깔려 있는 상황에서 조기에 조직안정화를 이루고, 피인수 기업의 인력을 활용하여 합병이전보다 더욱 성장해 보자는 기대가 과연 어느 정도 현실적일까?

이러한 인수합병 기업의 성공조건 중 하나가 '마이너스 교집합' 개념이다. '교집합'이 적을수록 성공 가능성이 높다는 것이다. 즉, 제품 · 서비스 · 지역 · 판매망 등의 사업영역에서 중첩 부분이 발생하게 될 텐데, 그 중첩 부분이 많으면 많을수록 인수합병의 부정적인 영향이 많다는 의미이다.

또 다른 조직

과거 인수합병 기업이 또 다른 조직으로 간주되면 벽이 생긴다. 누차 말한 바대로, 목표와 평가가 있기 때문에 도와주면 내가 피해를 본다. 인수기업은 피인수 기업과 소통 시 동등 레벨이 아니라 얕잡아 보는 행태를 보인다. 피인수 기업의 유능한 직원은 떠나게 될 것이다.

그러나 ABS 경영이라면 달라질 것이다. 동등한 조건에서의 선의의 경쟁이 가능하기 때문에 우수 인력은 오히려 두각을 나타내고 앞서 나갈 것이다. 또 다른 도약의 발판을 가질 수도 있을 것이다. 활동점수로 평가받는 명확한 기준에 따라 자신의 활동을 더해 나간다면 두각을 나타낼 것이고, 이에 자극받은 주변 혹은 인수 기업 직원들까지 분발하여 전체 몰입 환경을 상승시켜 나갈 것이다.

통합조직의 선결조건

통합조직이란 말 그대로 직원들을 합쳐 조직을 구성하는 단계인데, 선결조건이 필요하다. 필자는 k社에서 유선과 무선의 통합 환경을 경험한 바 있다. 이를 정리해 보면 다음과 같다.

1) 양측 모두를 바라보는 체계 구축
2) 양측 모두가 결합된 신사업 추진 조직역량 구축
3) 통합 상품 서비스에 대한 조직원 전체의 이해력 증진 필요
4) 통합 시설 정보에 대한 DB 구축 및 정보 공유
5) 조직문화, 세대 차이를 극복하기 위한 인력 교류
6) 통합 업무프로세스 재설계, IT 시스템 통합 구축

인수합병의 성공조건

성장전략의 인수합병에서는 사람·지식·특허·유형자산 중 사람이 가장 중요하다고 본다. 핵심인재가 빠져나갔다면 굳이 인수합병을 할 필요가 없다고 보면 될 것이다.

ABS 경영은 공정한 평가, 동등한 승진기준, 공평한 육성관리 기회를 모든 직원들에 제공하고, 경영목표를 향한 끊임없는 몰입을 유도하기 때문

에 인수합병의 성공조건은 피인수 기업에 ABS 경영시스템을 도입하는 것이라 감히 얘기할 수 있을 것이다.

단기간에 통합 직원들 간의 토털 코워크를 통해 화학적 결합을 이룰 수 있고, 마이너스 교집합이든 플러스 교집합이든 어떤 중첩 영역에서도 시너지가 극대화되면서 통합 조직의 성과지표는 합병 이전보다도 더 개선될 것이다. 성공확률 100%의 인수합병을 기대해 보자!

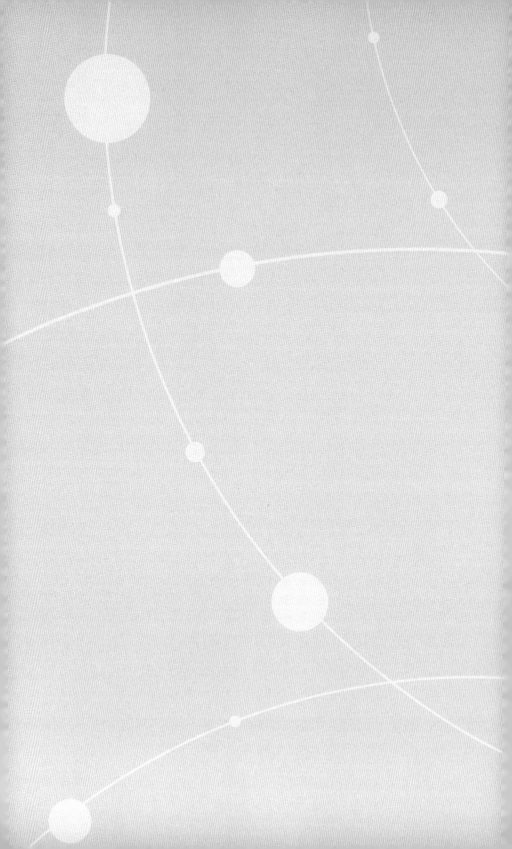

PART 7

기업의 변화

리더의 역할

경영 인프라 측면의 중요한 요소는 성과관리를 포함한 경영시스템, 미래 예측 툴, 미래조직이다. 이것이 갖추어지더라도 빼놓을 수 없는 것이 리더의 역할이다. 리더에게는 통찰력 · 결단력 · 추진력 · 전환력이 필요하다. 여기서 '전환력'의 개념은 예측과 다르게 사업이 진행되는 경우 빠른 전환이 필요하다는 의미이다. 새로운 경쟁자의 등장, 재해 · 사고와 같은 예기치 못한 일이 일어날 경우이다.

'방통'의 플랜 B
삼국지에 안타깝게 죽은 사람이 있다면 '방통'일 것이다. 제갈공명과 방통 둘 중 하나만 얻어도 천하를 잡을 수 있다고 할 정도의 인물이다. 유비가 서촉(西蜀, 지금의 쓰촨성)을 공격할 때 매복한 적의 화살에 맞아 36세의 젊은 나이에 죽었다. '낙봉파'라는 곳에서 '봉추(방통의 호)가 떨어지는 곳'이라 탄식하며 마지막 죽음을 맞이하였다고 한다.

그를 폄하하려 이 얘기를 하는 것이 아니다. 지휘자로서 리더는 항상 '플랜 B'를 가지고 있어야 한다는 의미를 말하고자 함이다. 경쟁환경은 나 혼자만의 게임이 아니다. 내가 1등을 하면 누군가 또 게임 체인저로 등장할 것이다. 더욱이 4차 산업혁명의 빠른 기술 발전은 더 무서운 속도로 경쟁자가 나타난다는 의미가 될 수 있다. 즉각적인 대응을 하기 위해서는 미리 위기대응 시나리오를 세우고 민첩한 대응태세를 갖추어야 할 것이다.

2011년 4월 동일본 대지진은 후쿠시마 원전 파괴로 이어졌다. 도시바의 원전사업에는 치명적이었다. 이로 인해 2015년 분식회계 사태로 이어졌을 것이고, 2017년 미국 원전 자회사인 웨스팅하우스가 막대한 적자까지 기록한 원인 제공을 하게 되어 142년 역사를 가진 일본전자기업 도시바가 위기에 직면했다.

후쿠시마 원전사고와 도시바 분식회계 사태 기자회견 〈출처: 네이버블로그〉

원전과 같이 안정성이 우선인 사업에서는 최악의 위기 상황을 가정하고 즉각 대응할 수 있는 플랜 B를 가지고 있었어야 했다.

전 세계 원전 사업이 재편되고 있다. 급속히 성장하는 인도, 중국 등 신흥국에서 전력수요가 급증하기 때문이다. 새로운 강자의 등장을 기대해 본다.

통찰력+결단력

2007년 애플 아이폰이 등장하면서 새로운 스마트폰 시대를 열었다. 후발 주자들에게는 어떤 모바일 운영체제(OS)를 적용하느냐에 따라 운명이 좌우되었다.

애플의 운영체제(iOS)는 애플 기기에서만 작동되기 때문에 다른 모바일 운영체제가 필요하였다. 스마트폰에 후발로 진입하는 회사였다면 어떤 운영체제를 적용하는 것이 가장 합리적이었을까? 아래 전 세계 OS 추세에 정답이 나와 있지만, 그 당시 의사결정의 순간을 되짚어 보고자 하는 것이다.

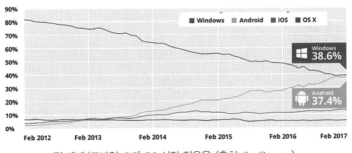

전 세계 '모바일+PC' OS 시장 점유율 〈출처: StatCounter〉

PC '윈도우' 운영체제의 절대 강자인 마이크로소프트(MS)는 모바일 분야에서도 우위를 가지려 '윈도우모바일' OS를 만들고, 구글도 스마트폰 시대 최강자를 꿈꾸며 개방형 범용OS인 '안드로이드'를 만들었다. 이 당시 안드로이드는 준비가 제대로 된 iOS와 달리 기기 간 호환성이 떨어지는 단점과 무료이다 보니 OS 업데이트가 느리다는 문제점을 가지고 있었다. 제조사별로 어떤 운영체제를 선택했는지 살펴보자.

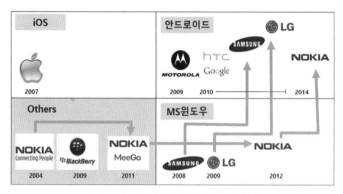

초기 스마트폰 제조사 운영체제(OS) 영역

휴대폰 절대 강자 노키아는 거대 조직을 가지고 있었기에 당연히 자체 OS를 개발하면서 스마트폰 시대에 역행하게 되었다. 블랙베리 역시 자체 OS로 '쿼티 자판'형 스마트폰으로 대응했으나 '스마트폰은 터치형'이라는 인식으로 시장에서 외면을 받았다.

삼성전자는 MS 윈도우모바일 OS를 탑재한 '옴니아'를 출시하였지만 모바일 환경에 부적합한 사용자인터페이스(UI)와 느린 속도로 단종을 선언하고, 재빨리 안드로이드 OS로 전환해 '갤럭시S'폰을 출시하였다.

이후 삼성은 프리미엄폰 시장에서 최강자로 올라서게 된다.

갤럭시S 시리즈 1000만대 돌파 기간 〈출처: 전자신문〉

LG전자 역시 MS 윈도우모바일 OS를 탑재한 '인사이트'폰으로 시작하였지만 경쟁력 있는 스마트폰을 만들지 못했고, 삼성과 마찬가지로 안드로이드 OS로 전환하여 '옵티머스'폰을 출시하였지만, 쿼티자판 채용 등 별 인기를 끌지 못했다.

구글은 HTC와 함께 '넥서스'폰을 만들었으나 초기 접속 불안정과 유통 방식 불만 등으로 주목을 받지 못했다. 모토로라는 시장점유율이 계속 추락하는 상황에서 안드로이드 OS폰에 초기부터 전력을 다했지만, 아이폰과의 큰 격차를 줄이지 못하고 구글에 인수되었다.

돌이켜보면, 안드로이드 OS가 '앱'이라는 생태계를 빨리 아이폰 수준으로 형성하고, 개방형의 범용 OS를 제공했기 때문에 가장 빨리 애플 iOS를 따라갈 수 있었다. 어떤 OS를 선택할 것인가는 리더의 방향성에 대한 통찰력과 결단력을 보여 주는 주요 사례이다.

그렇다면 안드로이드를 같이 채택한 제조사 중에서 삼성이 가장 앞선 동인은 무엇일까? 아마도 '절박함'이 아니었을까 한다. '옴니아' 폰에서 소비자가 던졌던 치욕을 되새기면서, 하드웨어 성능 미흡이나 소프트웨어 불안정 등을 각고의 노력을 통해 해결하였을 것이다.

복합적 리더십 요건

빠르게 변화하는 4차 산업혁명의 시대에 뉴노멀[1] 환경까지, 이제는 변화하지 않으면 생존할 수 없다는 말이 실감난다. 캐시카우 영역을 과감히

---

[1] 저성장, 저소비, 높은 실업률, 고위험, 규제강화, 미국 경제 역할 축소 등 세계 경제의 변화를 일컬음. 〈출처: 네이버지식백과〉

버릴 수도 있어야 하고, 경영 낭비적 요소도 없애야 하고, 새로운 사업의 변화무쌍한 변화에도 복합적으로 대처해 나가야만 그다음 스몰웨이브의 '파도타기'를 계속해 나갈 수 있을 것이다.

직원들에게 '변화와 혁신' 구호를 외치며, 마른수건 짜듯 비용절감을 추구하는 고전적 리더십과는 다른 복합적인 리더십의 조건인 것이다.

정상에서의 겸손함

PC 운영체제의 절대 강자인 마이크로소프트(MS)가 모바일에서 밀리고, 휴대폰 최강자 노키아가 몰락하고, 3년 앞선 기술의 애플에 대항마를 붙여 주고, 코드분할다중방식(CDMA) 독점기업 퀄컴의 위상이 추락한 것에는 어떤 연계성이 있지 않을까?

2013년 MWC에서 일이다. 삼성전자 '갤럭시S3'가 '최고 스마트폰상'을 포함해 무려 5개의 상을 휩쓸며 최고의 스포트라이트를 받았다. 당시 수상식 자리에 있었는데, 주변의 반응은 어떠했을까? 많은 참가자들이 자리를 뜨며 굉장한 불만을 표출하였다. '베스트 오브 더 베스트상' 포함 1~2개 상 정도였으면 충분했을 것이다.

정상에 섰을 때 겸손함이 필요하다. 다음 시대, 또 그다음 빅웨이브 시대가 올 때 저항세력을 줄여야 된다. 어차피 빅웨이브를 만들려면 규모의 생태계를 형성하여야 한다. 정상에서의 자만심에 숨여 지낸 그들은 그때 그동안의 상처와 수모를 생각하며 반대편에 설 것이다. 이를 리더가 지적해 주어야 한다.

자율활동

4차 산업혁명의 시대에도 가장 중요한 것은 인재다. 신기술 습득은 물론, 미래 환경 변화에 대한 통찰력을 갖춘 인재를 얼마나 많이 확보하느냐에 따라 기업 경쟁력이 판가름 날 것이다.

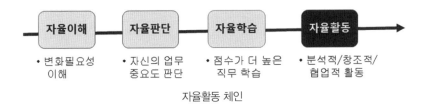

자율활동 체인

ABS 경영에서는 직원 개개인들이 기업의 전략과 목표에 맞추어 자율적으로 이해하고, 판단하고, 학습하고, 활동함으로써 그들의 역량을 최대한으로 이끌어 낸다.

자율이해

기업에서 일어나고 있는 매너리즘의 사례이다. "별 문제없고 잘 돌아가는데…." "경영시스템 몇 번 바꿔도 별 차이 없는데…." "시간 낭비, 돈 낭비만 될 걸…." "그럴 줄 알았어."

한강의 기적을 이룬 세대들이 서서히 퇴장하고 있다. 고령화 · 저성장의 시대로 접어들고 있고, 중국은 이제 우리를 넘어서고 있다. 지금까지 회사라는 공간에서 온갖 어려움을 극복하며 익혀 온 반복적 절차나 관습에 너무 익숙해져 변화 자체가 두렵다. 현재는 곧 과거이다. 새로운 것을 찾아 "새롭게 도전하며 앞으로 나아가자"는 말 자체가 무색해졌다.

현재와 다가올 미래의 위기상황을 극복하고, 현실에 안주하기보다 끊임없는 노력을 통해 매일의 활동으로 연결시키기 위해서는 먼저 직원들 스스로가 변화의 필요성을 자율적으로 이해하여야 한다.

자율판단

자신의 업무가 회사 경영목표 · 성과지표와 정렬되어 있는지 자율적으로 판단해야 한다. 실시간으로 자신과 자신이 속한 조직의 성과수준이 보일 것이다. 자신의 업무가 메인잡(main job)인지 사이드잡(side job)인지 빨리 판단할 필요가 있다. 이는 프로세스에 배정된 점수를 통해서나 활동점수를 통해서 판단할 수 있다. 만일 업무의 중요도가 떨어진다면 스타트업 과제나 다른 업무를 찾고, 기량이나 직무능력이 부족하다면 빨리 자기계발 과정을 밟아야 한다.

자율학습

프로세스 활동에 있는 기존 업무는 낮은 점수가 부여 된다. 더 높은 활동점수를 부여받기 위해서는 항상 새로운 것을 찾아야 한다. 새로운 문제해결 활동과 새로운 아이디어 창출이다. 이를 위해서는 '자율학습'이 반드시 필요하다. 식스시그마를 학습해서 문제해결에 활용하고, 다른 직원의 업적성과물을 보고 아이디어를 얻고, 개선점을 꾸준히 찾아야 한다. 프로세스 상 활동점수가 높은 업무에 대한 자율학습과 사이버교육을 받아야 할 것이다. 교육과 학습은 그 자체가 활동으로 인정받는 것이 아니라, 이를 통해 업적성과물로 반영될 때에만 점수로 부여받는다.

'상하 업적 교류순환' 개념

상위 직급일수록 업적성과물의 질적(質的) 수준이 하위 직급보다 훨씬 더 뛰어날 것이다. 하위 직급자는 문제의 접근과 해결방법에서 단편적일 수밖에 없다. 상위 직급 업적성과물을 자율학습하여 스스로 배워 가고, 상위자가 하위의 업적성과물을 보고 개선점을 지적해 줌으로써 전체적인 학습 순환경로를 가질 수 있는데, 이를 '상하 업적 교류순환'이라 한다. 토털 코워크의 한 사례이기도 하다.

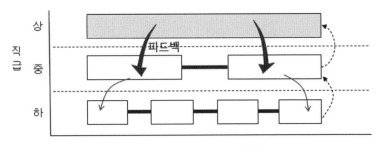

직원 별 직무 영역

'상하 업적 교류순환' 개념

하위자의 자율학습과 업적개선을 전제로 하고, 상위자의 피드백을 통하여 업적성과물의 완성도를 높여 가는 개념이기 때문에 '상하업적 교류순환'은 그 자체가 상생의 선순환 개념일 수밖에 없다. 그리고 다른 직급 직원들은 경쟁의 대상이 아니기 때문에 토털 코워크를 형성하며 업적의 질적(質的) 수준을 높여 가게 될 것이다.

가장 중요한 점은 자신의 업무성과 수준이 어느 정도인지를 빨리 깨닫고 스스로 배움으로써 다음에 설명할 '자율활동'의 자발적인 노력을 자연스럽게 유도한다는 점이 될 것이다.

▪ 자율활동

활동의 주체와 대상

직원들 스스로가 자신의 역량을 최대한 발휘하고, 분석적·창의적 활동을 통해 자신이 주도적으로 활동하여야 한다. 활동의 주체는 직원들 개인이다.

구분	기존 경영시스템	ABS 경영
활동대상	팀 목표	기업 성과지표
활동주체	팀 단위	직원 개개인
프로세스 활동 구분	팀 단위	활동 단위
활동 평가 기준	투입원가 대비 팀 성과	활동점수
평가 직업	별도 작업 필요	불필요(누적점수가 곧 순위)

기존 경영시스템과 비교

기존 경영시스템에서는 팀 단위로 목표가 정해지고, 팀별로 최대 성과를 내기 위해 활동들을 수행한다. 따라서 직원들이 근원적인 활동의 주체이 긴 하지만 기업 성과지표 달성을 위한 활동의 주체는 팀 기반일 것이다.

활동의 주체가 직원 개인이 아니라 팀 단위일 때 나타나는 폐단이 있다. 프로세스 활동들을 팀 단위로 나누고, 팀 단위 투입 원가 대비 발생한 부가 가치를 평가한다는 개념 자체가 이미 복잡성 · 비효율성을 내포하고 있다. 또 직원들이 기업 성과지표보다 팀 목표를 지향하기 때문에 활동 대상도 경영목표와 괴리가 생긴다. 즉, 팀이 있기에 팀 업무를 무엇이든 만들어야 하는 '조직 이기주의'가 생기고, 팀 평가를 위한 별도 작업, 팀 고과 배분 등 문제가 눈덩이처럼 커져 간다.

그러나 ABS 경영에서는 기업 성과지표 자체를 활동 대상으로 하고, 평 가를 위한 별도 작업도 불필요하다. 특정 기간 동안 개인이 받은 누적 활동 점수로 곧바로 평가가 완료되기 때문이다.

협업적 · 수평적 · 개방적 활동

ABS 경영은 타 부문 · 타 부서조직과의 협업과 수평적 · 개방적 활동을 반드시 필요로 한다. 하나의 성과지표 달성을 위해서는 프로세스 상에 나타나는 모든 활동이 수행되어야 하기 때문이다.

마케팅 · 생산 · 기술 · 연구개발 · 재무 · 인사와 같은 기능조직으로 구분 되어 있다면, 각 부서 담당자들 간 목표를 공유하고 의사소통을 하는 협 업적 활동이 자연스럽게 이루어질 것이다.

또한 지시에 의한 수직적 활동과는 달리 훨씬 더 수평적 · 개방적 활동을 할 수 있을 것이다. 즉, 누구나 기량만 충분하다면 팀 · 상하부서 간의 장벽을 넘나드는 '홉핑(hopping) 활동'들을 포함하여 프로세스 상의 다른 어떤 일도 할 수 있다.

창조적 활동

항상 새로운 것을 찾아야 한다. 매일 돌아가는 공정 프로세스가 있다고 가정해 보자. 품질저하를 일으키는 요소가 무엇인지, 원가를 절감할 수 있는 요소가 무엇인지 항상 고민하여야 한다. 이러한 창조적 활동을 통해 새로운 아이디어를 찾아 적용하고, 개선해 나가야 한다. 왜냐하면 활동점수가 높기 때문이다.

능동적 활동

한국인에 대한 외국 관리자의 선입견 내용이다.

"얘기를 하지 않아서, 진짜로 뭘 생각하는지 알기가 어렵다. 또 상사가 뭐를 시키면 절대 불평하지 않는다. 하지만 매니저인 나는 좋지 않다. 왜냐하면 주체적으로 생각하지 않고 그저 명령만 따르기 때문이다."

'연초 정해진 업무만 하고, 시키는 일만 하면 된다'는 식의 수동적 자세로는 업적 성과를 양산하는 데에 뒤쳐지게 될 것이다. 이에 반해 ABS 경영에서는 직원 스스로가 더욱 능동적으로 변화할 것이다.

과거 관리자는 팀 목표 설정, 과제 추진방향 설정, 업무 우선순위 결정, 문제의 해결, 자원 배분 등의 주된 역할을 담당하였다. 고과권을 가지고 있기 때문에 직원들의 통제가 용이했다. 그러나 ABS 경영에서는 직원의 활동점수를 통해 자동으로 직원·팀 평가순위가 매겨지기 때문에 관리자 역할이 변경되어야 한다.

관리자의 역할
직원 활동방향 조율, 문제해결 지도, 아이디어 구체화, 직원 고충해결 등의 역할을 수행한다.

1) 직원들의 활동을 전체적으로 조율하고 피드백 한다.
   시장환경·경영환경·경쟁환경 변화를 직원들과 공유하고, 직원들의 중요하지 않은 활동이나 우선순위 낮은 업적활동에 대해 다른 활동으로의 전환을 권고한다. 팀 단위가 아니라 회사 전체의 핵심 성과지표를 지향한다.
2) 문제해결 방향을 제시한다.
   관리자들 스스로가 성과지표 달성과 관련된 개선점을 파악하고, 극대화하기 위한 방향을 제시한다. 또 문제 상황에서 풍부한 경험을 바탕으로 최선·최적의 문제해결 방안을 보여 주어야 할 것이다. 직원들은 이를 활동으로 연계시켜 나가며 리스펙트 할 것이다. 이렇게 되면, 종래 팀 단위 업무현황 파악을 위한 무수한 사이드잡은 시킬 수 없을 것이다. 이들 활동에는 활동점수가 부여되지 않기 때문에 관리자들 스스로가 항상 학습하여야 한다.

3) 아이디어 집단으로서의 역할을 수행한다.

새로운 프로젝트 제안을 재해석 · 재구성하며, 사업화를 이루어 나가는 데에 그들의 풍부한 경험과 통찰력을 활용하여 지원한다.

4) 활동점수가 저조한 직원에 대해 면담을 시행한다.

직원들의 어려운 점이나 애로사항 · 고민을 청취하고 전향적인 방향으로의 전환을 꾀하여야 한다.

솔선수범의 활동

관리자들도 팀의 틀에서 벗어나 '관리자그룹'의 역할을 수행함과 동시에 팀 조직단위를 넘어서 모든 직원들의 활동에 큰 모티베이션을 줄 수 있기 때문에 여러 솔선수범의 활동들이 필요하다.

1) 직원과의 갈등 해소.

종래 조직 생활에서 직원 · 상사와의 갈등은 회사생활을 하면서 가장 고통스러운 점이었을 것이다. 이는 상당부분 평가와 연계되어 발생하였을 것이고, 이것이 완화된다면 더욱 인간적인 혹은 인격적인 소통의 장을 열 수 있을 것이다.

2) 비도덕적 성과지향 탈피

과거 팀 목표 달성을 위하여 허위 · 허수의 업적성과를 만들어 냄으로써 비도덕적 평가 왜곡 사례가 자주 발생하곤 했다. 또 평가시즌이 임박하면 본원적 활동보다는 단순하고 간단한 실적 완료에 치중하고, 업적성과를 부풀리는 경우마저 있었다. 기업 외형 실적은 그대로인데 평가를 위해 어처구니없는 일들이 벌어지는 것이다.

ABS 경영에서는 팀 단위 평가는 인당 활동점수로 평가된다. 업무 수행방법 이나 결과에 더욱 정직하도록 이끌어 갈 것이다. 업무 사유화(私有化)를 나타 내는 조직 이기주의는 근원적으로 사라질 것이다.

3) 미래 통찰력과 실행력 확충

직원들의 직무역량이 나날이 발전할 것이다. 엄격한 능력 위주 평가와 치열 한 경쟁을 통하여 관리자로서의 역량도 쌓아 올릴 것이다. 프로젝트 리더로 서의 사업적 마인드와 추진력도 학습하여 올 것이다. 이제 관리자들은 과거 의 경험에 안주하지 않고 환경변화를 읽는 미래 통찰력과 실행력을 더욱 보 완하고 이를 확충하기 위해 자율적으로 노력하여야 한다.

4) 미래지향적 조직의 신설과 과제 주도

시시각각으로 변화하는 기업 환경에 대응하여 기업 목표를 달성하기 위한 최 적·최선의 방향을 항상 고민하고, 조직편제 구성을 통해 성과를 만들어 간 다. 눈에 보이는 현재의 업무가 아니라 항상 새로운 것을 추구하는 미래지향 적 사고를 가져야 할 것이다.

관리자의 태도

과거 조직별로 업무가 수행될 때는 어떤 특정 업무에 대해서는 환경적 요소에 따라 관리자의 소극적·보수적 태도가 필요했을지도 모른다. ABS 경영에서는 미래지향적 관리자를 필요로 한다. 앞으로 나아가면서 문제를 해결해 나가는 진취적 사고를 가져야 한다.

예를 들어 장비운용 부서가 있다 하자. 그들의 목표는 장비 고장이 나지 않게 운용하는 것이다. '건드리면' 고장 리스크가 커진다. 새로운 기술이 나 장비가 도입되려 해도 '고장률 0.001%가 안 되면 적용 불가'라고 한 다. 고장 나면 자신들이 책임져야 하기 때문이다. 극(極) 보수다. 고장률 0.001%는 장비가 새로 도입되어 5년, 10년 운용하면서 꾸준히 개선되어 온, 말 그대로 산전수전 다 겪은 장비의 고장률이다. 이를 설익은 신규 장비에다 적용할 수 있을까? 그들의 이유는 간단하다. 고장 리스크가 있더라도 도입 의사결정을 하면 고장 났을 때 책임은 도입한 사람이 지라는 '조직 이기주의' 때문이다.

ABS 경영에서는 어떻게 될까? 고장률은 직원이나 조직의 성과지표가 아니다. 활동점수로 평가받기 때문이다. 또 이러한 운용업무는 활동점수가 최저점인 0.05점으로 부여되어 있을 것이다. 개선점을 찾는 새로운 활동을 하든가 또는 더 높은 활동점수의 업무로 바꾸어 가야 한다. 차츰 이들 업무는 업무대체(전산화·아웃소싱) 대상이 될 것이다.

따라서 보수적인 관리자가 이제는 있을 필요가 없다. 미래지향적인 관리자로 모두 바꾸어야 한다. 안 된다고 생각하는 사람들은 이미 미래예측에서 부정적이 된다. 미래지향적인지 아닌지를 알 수 있는 아주 간단한 방법이 있다. 밑의 직원에게 물어보면 된다. 그리고 시스템적으로 미래지향 관리자로 바꾸는 도구는 관리자 평가에 인성평가 개념의 보팅(Voting)이 반영되어 있다.

▪ 인적자원의 효율

제주도는 특별자치도(special self-governing province)이다. 지리적으로 떨어져 있고 서울 3배 정도 크기에 총 인구 수(數)도 65만 명(관광객수 1,600만 명) 정도밖에 되지 않아 기업 내에서 주목받기 어렵다. 따라서 팀 직원 수가 상대적으로 적게 운영된다.

그러나 이들은 다른 지역의 4~5개 팀에서 담당하는 모든 프로세스 활동을 수행해야 된다. 정말 엄청난 양의 업무가 될 것이다. 기회 있을 때마다 인력 충원을 요청한다. 지리적 여건상 근무 희망자를 찾기도 어려워 버티기 힘들다고 한다. 몇 명 안 되는 한 개의 팀이 그 많은 업무를 다 할 수 있을까? 필자는 모두 다 할 수 있다고 생각한다. 그렇다면 왜 그들은 그렇게까지 할 수밖에 없을까?

단 한 가지다! 그 많은 일을 해도 평가에는 반영되지 않기 때문이다. 일을 많이 한다 해서 항상 제주도 팀에게만 높은 평가를 할 수 없다. 직원이 적고, 일은 많은 팀으로서는 최악일 수밖에 없다. 아마도 승진 대상자가 없다면 몇 년 지나도 평가를 제대로 받지 못할 것이다.

그렇다면 ABS 경영에서는 어떻게 될까? 이런 조건은 활동을 많이 할 수 있는 최적의 환경이다. 즉, 직원 수가 아무리 적어도 상상을 초월하는 엄청난 프로세스 활동과 성과를 낼 수 있다. 직원 수가 적은 환경요소는 종래의 방식에서는 불평·불만의 요소이지만 ABS 경영에서는 업적성과를 많이 낼 수 있는 더없이 좋은 환경이다.

회사 측에서는 업무량과 직원 수의 불균형을 해소할 수 있다. 사업 진행 과정에서 특정 팀에 업무가 몰리거나 줄어드는 현상이 생겼을 때 인력 운영은 자연스럽게 조정될 것이다.

- ## 온정주의(溫情主義)와의 이별

국도를 신나게 달리는 포클레인을 연상해 보자. '육중한 중장비 차량'에서 낼 수 있는 전속력으로 힘껏 달리고 있다. 그런데 50㎞다. 그 뒤로 수많은 차들이 끝도 없이 줄지어 따라가고 있다. 포클레인 자신은 최대의 속력으로 최선을 다하고 있는 것이다.

우리는 평가 시즌이 다가오면 평가 관리자들의 고뇌를 이해할 수 있다. 능력은 상대적으로 떨어지지만 땀을 뻘뻘 흘리며 최선의 노력을 다하는 직원들에게 제대로 된 평가를 할 수 있을까? 예를 들어 보자. 포클레인 직원이 팀 내 승진대상자이다. 한두 번 승진에 누락되었다. 다른 승진대상자가 없다. 관리자로 이들을 평가할 때 한국적 '온정주의'가 나타날 수 있지 않을까?

이에 반해 ABS 성과관리는 단호할 것이다. 활동 결과물의 질적(質的) 평가로 평가가 이루어지기 때문이다.

▪ 막판 스퍼트 방지

연말 평가 시즌이 다가오면 확 바뀌는 것이 있다. 그간 '대충' 일하다가 연말 막판에 몰아서 야근하고 눈도장을 찍는 것이다. 이른바, 막판 스퍼트다. 일반적으로 승진 대상이 아닐 때 나타난다.

ABS 성과관리는 1년, 6개월, 분기 혹은 1개월 단위로도 평가를 할 수 있기 때문에 막판 스퍼트는 허용되지 않는다. 특정 기간 동안 개인적 사정에 의해 회사 일에 충실하지 못할 경우가 있다. 다음 평가 기수에 다시 시작하면 된다. 과거처럼 한때의 업무공백이 연말까지 이어져 최하위 고과를 받으면서 좌절하게는 하지 않을 것이다.

▪ 업무 몰입 극대화

"한국에서는 야근을 너무 자주한다. 근무 시간 중에 뭘 하는지 모르겠다." 국내기업에서 활동하는 외국 경영 컨설턴트들이 이구동성으로 하는 말이다. 근무 시간에 개인 용무 보기, 업무와 다른 사적인 일하기 등 근무 시간 손실이 너무 많다. 이것저것 하다가 야근이나 휴일 근무로 업무 공백을 메우려 한다.

ABS 경영은 정의 자체에 야근이 없다. '근무 시간'에 활동하여 점수로 평가받는 방식이기 때문에 근무 시간 내 업무에 대한 몰입이나 집중이 강화될 수밖에 없다. 주어진 시간에 많은 활동을 하여야 하기 때문이다. 즉, 근무 시간 낭비요소는 개인 업적성과에 직결되기 때문에 줄어들게 될 것이다.

단순 의견수렴 · 공지 · 취합 목적의 회의는 사라질 것이다. 활동점수가 전혀 없기 때문이다. 활동점수가 부여되지 않은 회의는 직원들이 아예 참석하지 않을 것이다. 책임회피, 결론 없는 회의도 활동점수가 없다. 개인 근무 시간은 한정되어 있다. 물론 활동점수가 부여된 회의는 있다. 주관 부서는 회의 준비를 철저히 하게 될 것이고, 회의 시간도 최대한 단축될 것이다.

회식문화도 바뀔 것이다. 과거 도요타 직원에게서 들은 말인데, 그들은 금요일 저녁에만 간단히 팀 단위 회식을 한다고 한다. 이는 과도한 술 문화에 의한 시간·건강상 부담이 다음 날 근무에 영향 주는 것을 막고자 함이라 한다. 일상생활도 근무 시간 집중에 저해되는 요소들을 줄이고, 피로회복과 리프레시를 안배한 생활문화를 지향하고 있는 것이다.

▪ 미래 인재 육성

직원들은 자율활동을 통해 새로운 영역의 업무를 익히고 멀티플레이어가 되어 갈 것이다. 이들은 아이디어 발굴과 프로젝트 팀 참여를 통하여 분석력·기획력·실행력을 경험적으로 습득할 것이다. 리더로서의 통솔력과 판단력을 좀 더 경험하게 된다면 이미 경영자로서도 손색이 없을 정도의 우수한 미래 인재로 성장하여 나아갈 것이다. ABS 경영에서는 다년간 복수직무 실적 상위자를 엘리트코스를 통해 미래 경영관리자로 키워 나간다.

앞으로 다가올 변화무쌍한 기업환경에서는 이들 미래 인재들의 육성과 역량 발휘가 그 어느 때보다 중요할 것이다.

• 루틴잡의 전산화

전 직장에 '자재 불출(拂出) 리스트'를 관리하는 고참 차장 한 분이 있었다. 전국에 배정되는 투자물량을 관리하고 현황 파악을 하느라 매일 야근에, 휴일근무다. 단순 업무를 고직급 직원이 한다는 것도 문제이지만, 그것 때문에 야근·휴일근무를 매번 하는 것도 문제가 될 것이다.

ABS 경영에서는 평이하고 단순한 업무는 활동점수를 최저로 받을 것이다. 자연히 전산화되거나 시스템화하는 것이 원칙이다.

• 다양한 근무 형태 등장

기존의 재택근무, 유연근무, 스마트워킹[1]은 출퇴근 시간마저도 아껴 생산적인 근무를 해 보자는 취지이지만, 업무 효율 증대가 뚜렷하지 않을 것이다. ABS 경영은 활동의 결과인 '업적성과물'로 평가하고, 특정 기간 동안 누적 활동점수로 평가받는 방식이기 때문에 근무 장소와 근무 시간의 통제·구속에서 개념적으로 자유로울 수 있다. 어디에서 근무하는가가 중요하지 않아 다양한 근무형태가 실제적으로 운영 가능할 것이다. 활동의 결과인 업적성과물을 보면 직원의 업무 몰입도를 곧바로 알 수 있기 때문이다.

또 특정 기간(월·분기·반기 등) 동안 개인 사정에 의해 업무 공백이 예상될 경우, 평가 기간에 맞추어 복귀하여 다시 업무를 시작하면 되기 때문에

---

1) 주거 지역 부근에 사무실을 마련해 놓고 이곳에서 원격근무 하는 방식 〈출처: 네이버지식백과〉

새로운 근무 형태나 근로계약 형태가 있을 수 있다. 아래 일본 사례처럼 사회적 합의만 된다면 이들 근로 조건을 꼭 필요로 하는 사람에 대해 근로계약의 다양한 형태로 운영될 수 있을 것이다.

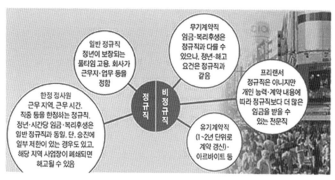

다양한 근로 형태 '일본'의 예 〈출처: 조선비즈〉

- **'조직이기주의'의 종말**

직원과 조직은 활동점수로 평가받는다. 조직이기주의가 사라지는 것이다. 왜냐하면 조직 단위의 목표와 성과지표가 조직이기주의를 만들었기 때문이다. 이제 경영목표를 지향하는 활동에 매진할 것이다.

지식형 소셜 커뮤니티 활용

내부 소셜 커뮤니티

새로운 사업 · 기술 · 제품 · 서비스를 상품화하기 위해서는 다수가 참여
한 토의를 통하여 구체화시켜 나가야 한다. 지식형 내부 소셜 커뮤니티
인 '토론마당'의 사례를 살펴보자.

내부 소셜 커뮤니티(토론마당)

직원 참여에 의해 아이디어가 제안되면 '토론마당'을 통해 구체화되고, 관리
자그룹 심사를 통하여 프로젝트 팀이 구성되고, 활동 프로세스가 셋업 되어
실행된다.

기업마다 업종마다 다를 수 있지만, '토론마당'은 많이 가질수록 기업의
새로운 사업모델 개발이나 문제점 발견에 많은 도움이 될 것이다. 왜냐

하면 빠르게 변화하는 시대적 흐름에서 항상 새로운 것을 추구하는 것이 기업의 목적이고 필연이기 때문이다. 이러한 토론형 조직을 통해 '창조', '혁신'의 기업 체질을 형성하여 기업 경쟁력을 극대화시켜 나갈 수 있을 것이다.

토론형 기법에 '더블 다이아몬드' 이론[1]이 있다. 문제를 찾고, 해결방안을 찾는 기법이다. 사고(思考)를 확산(Divergence)하고, 이를 수렴(Convergence)하는 과정을 두 번 하면(Double Diamond) 혁신 과제들을 도출할 수 있다는 기법이다. 다양한 분야, 다양한 경험을 가진 적극적 참여자들로 구성되면 좋은 결과를 도출할 것으로 판단된다.

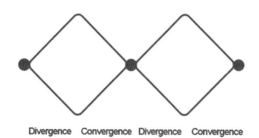

Divergence Convergence Divergence Convergence

더블 다이아몬드 이론 〈출처: medium.com, GoodDesign〉

외부 소셜 커뮤니티

다가올 고령화 시대는 풍부한 현장경험과 통찰력을 지닌 60세~80세 장년층 인구의 '사이버 채용', '사이버 근무환경' 도래와 연계될 수 있다. 사

---

1) Visualizing the 4 Essentials of Design Thinking by Jasper Liu (GoodDesign), 2016.2.4

업의 특징 · 리스크 · 시장규모 · 지역성 등의 환경적 요인들에 대해 그들은 집단지성을 지니고 있을 것이다. 이를 바탕으로 장년층 대상의 사업을 포함하여 다양한 신사업의 기초를 만들 수 있을 것이다.

외부 소셜 커뮤니티의 참여 과정이다. 기업이 특정안건을 '트리거' 하면 외부 참여자(OP)가 제안으로 등록하고, 사내 전문가 집단의 검증 · 선택 · 업데이트 후 플래닝에 반영한다.

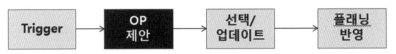

외부 소셜 커뮤니티(OP, Outside Participant) 참여 과정

심사자들은 플래닝 반영정도를 계량화하여 관리하고, 사업화 추진 여부, 성공 여부에 따라 그 보상 정도를 달리하여 외부 참여자에 지불한다. 물론 상호 신뢰는 형성되어 있다고 보면 될 듯하다. 외부 참여 가상조직(VOOP, Virtual Organization of OP)으로도 불릴 수 있다.

제안 시점에 그 가치를 느끼지 못하고 기각되는 경우도 있을 수 있기 때문에 지속적으로 임직원들이 열람하고 응용함으로써 사업화에 충분히 반영될 수 있도록 한다.

'토론형 커뮤니티' 관련 여러 기업들의 사례를 소개해 보고자 한다.

집단지성의 힘 '모자이크(MOSAIC)'[2]

삼성전자는 '모자이크'라는 '집단지성
의 사내 온라인 시스템'을 운영하고 있
다. 다양한 사람들의 의견을 하나로
모아 집단 지성을 만든다는 뜻이다.
'모자이크'는 여러 가지 조각을 모아
하나의 큰 그림을 만든다는 의미이다.
글로벌 임직원 30만명 정도가 가입돼

<출처: 이코노미조선>

있으며 다양한 의견을 교환하는 커뮤니티로 발전하고 있다. 자유롭게 토
론하고 아이디어를 공유하도록 열린 '장(場)'을 만드는 것이 목적이다.
오픈 디스커션 서비스인 '스파크', 아이디어를 제안할 수 있는 '아이디어
마켓(Idea Market)' 등 총 8개의 공간으로 구성된다.

솔루션의 실마리를 주기도 하고, 사내 다른 분야 전문가들의 시각을 접
할 수도 있고, 부서 간 소통 부족 상황에서 사내 커뮤니케이션을 증대시
키는 순기능을 하고 있다.

모자이크에서 나온 아이디어인 '근거리 무선통신(NFC) 안테나 공용화'는
스마트폰 6종에 적용되어 650억 원의 비용을 절감하는 데 기여했다.

샤오미의 '오픈포럼(open forum)'[3]

미펀('샤오미의 팬')을 활용한 크라우드 소싱[4] 방식이다. 샤오미 제품을 써
보고 오류나 개선방안 등을 누구나 오픈 포럼에 접속해 올릴 수 있다. 의

---

2) 2014년3월 오픈 〈출처: 뉴스1, 이코노미조선〉
3) 2011년8월 처음 스마트폰 출시 〈출처: 이코노믹리뷰〉
4) crowd sourcing. 대중들의 참여를 통해 솔루션을 얻는 방법 〈출처: 네이버지식백과〉

'오픈 포럼'에 접속한 화면 사진 〈출처: Techspot india〉

미 있는 제언일 경우, 빠르면 일주일 안에 이를 반영한 제품이 나온다.
이용자와 생산자가 함께 제품을 진화시키는 것이다. 이렇게 해서 업데이
트된 제품은 일주일 간격으로 새로 출시된다.

'퀄키'[5]의 소셜상품개발 플랫폼

퀄키(Quirky)는 소셜상품개발 플랫폼이라는 방식으로 아이디어 상품을
제작 판매하는 회사다. 아이디어 제안은 물론, 평가와 제품 개발하는 모

'퀄키 뉴욕 본사에서 매주 목요일 개최되는 에발(Eval) 회의.
최종 개발 제품을 선정하기 위해 투표하는 장면 〈출처: 구글이미지〉

5) 2009년 설립, 2015년 9월 파산절차 신청 〈출처: 네이버카페. 퀄키-아이디어〉

든 과정을 대중이 진행하기 때문에 클라우드 소싱 형태이다.

프로세스는 일반 대중이 아이디어를 올리면, '에발(Eval)'이라는 상품 검증(Evaluation) 회의에서 최종 개발할 제품을 투표로 결정한다.

선별된 아이디어에 대해 퀄키 전문가들이 참여하여, 연구—디자인—브랜딩—제품개발을 진행한다. 이후 시장조사를 기반으로 제품을 생산하고 여러 채널을 통해 판매한다. 제품이 판매되면, 아이디어 제안자와 상품 개선에 영향력(Influence)을 준 멤버들이 수익을 배당받는다.

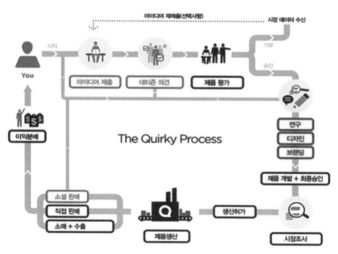

퀄키 소셜상품개발 프로세스 〈출처: 네이버카페 퀄키—아이디어〉

지금까지 ABS 경영이 적용되었을 경우 기업의 변화 내용을 살펴보았다. 다음은 실제 기업 내 적용하는 구체적인 방법을 설명해 보고자 한다.

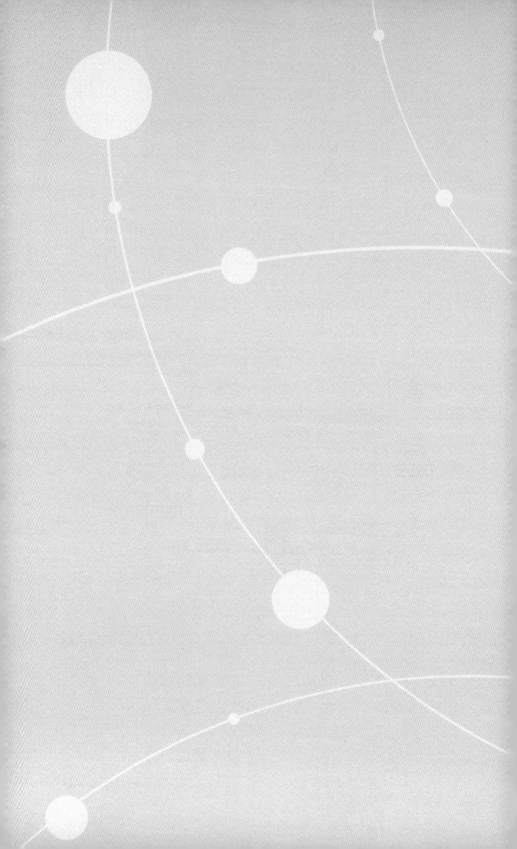

기업 내 적용

ABS 경영의 도입 전제조건

세부 프로세스를 보면서 설명하고자 한다. 직원의 '업무실적등록'을 하면, 평가마스터가 추가 점수를 배정한다. 질적(質的) 평가의 개념이다. 이것이 누적되어 직급별 '개인순위'가 성과관리센터에 나타난다. 특정 기간 평가보상이 이루어지고, 저성과자에 대한 업무 전환과 교육이 수행된다.

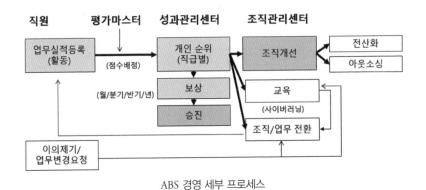

ABS 경영 세부 프로세스

또 저성과 조직과 단순 루틴잡에 대한 조직 개선이 진행된다. 직원이 이의를 제기하거나 업무 변경을 요청하면 조직 변경 혹은 교육을 통해 전환 배치된다. 전제조건들이 있다. 미리 정의해야 되는 사항으로 이해하면 될 것이다.

업무실적 정의

업무성과로 등록 가능한 업무실적은 사전 정의가 되어 있다. 다음 4가지 이다.

1) 프로세스 활동별 전략 · 계획 · 시행 · 완료의 업무실적
2) 프로세스의 개량 · 개선을 위한 활동 실적
3) 새로운 제품 · 서비스 · 사업에 대한 아이디어 제안 실적
4) 토론마당 등 기타 업무실적

회의는 프로세스상 개선 결과가 있거나, 새로운 제안이 있을 경우 실적으로 인정된다. 의견수렴 · 공지 · 취합 목적의 회의는 실적에서 제외되고, 이에 따라 조직 역할상 당연히 자신이 결정해야 될 사안에 대한 주관 부서의 권한과 책임이 강화될 것이다.

예를 들어 '풍력 정부정책 대응'이라는 태스크업무(TF)가 생겼다고 가정해 보자. 제안 보고서가 실적물이고, 프로세스로 셋업 되면 정규 프로세스 활동이 되어 전략 · 계획 · 시행 · 완료 성과물이 등록되고, '척암' 평가마스터의 질적 평가(가점)를 통해 점수화된다. 정식 프로세스가 되지 않으면 홀딩 되었다가 언제든 상황이 바뀌면 다시 제안과제로 스타트되어 진행될 수 있다.

실적물과 직원별 활동점수 관계

실적보고서 참여자 모두에 활동점수가 부여됨이 원칙이다. 단, 해당 실적물에 대한 직원들의 참여도가 반영되어 가중치로 구분된다. 예를 들면, 보고서 클로징 시에 각 참여자에 '베스트 기여자'를 전산으로 입력하고, 이들 획득수로 가중치가 정해진다.

'척암' 평가마스터 운영

'척 보면 앎'에 대해 얘기해 보자. 필자의 S전자 때 경험이다.

직원들이 등록한 소프트웨어 등록물을 척 보면 알 수 있는 것들이 있다. 작업에 소요된 시간, 코딩(coding)의 숙련 정도, 규격정합도 등을 곧바로 가늠할 수가 있다. 즉, 전문가 수준의 기량자는 실적물에 대한 수준을 경험적으로 알 수 있을 것이다.

업무실적이 등록되면 '척암' 평가 마스터가 활동점수에 가감을 한다. 질적(質的) 평가의 개념으로, 기업의 경영전략과 목표에 부합하는 활동을 높이는 목적이다. 예를 들어, 문제 도출과 이를 해결하기 위한 제안과 그 실적결과는 가점을 높일 것이다. 현재 하는 일에서 항상 개선점을 찾으라는 의미이다.

내부인력을 선정할 수도 있고, 외부인력을 활용할 수도 있다. 이때 가장 중요한 항목은 평가의 편향성 방지와 객관성의 확보이다. 선입견에 의한 관대한 평가를 가장 주의해야 할 것이다.

마스터그룹 운영

프로세스 경영점수와 활동의 신설 · 변경 시에 활동점수를 부여하는 역할을 수행한다. 다년간 경험을 보유한 전문가들로서 경영목표 연계성,

시장환경 · 경쟁환경 · 기술환경하에서 성과지표 우선순위를 조정하고 전략 집중도를 결정할 수 있는 기량자들이다. 경영전략과 목표에 부합하는 활동의 과부족을 보고 배점을 조절함으로써 '활동 증가 → 프로세스 성과지표 증가'로 이어지게끔 유도한다.

마스터그룹은 내부구성원으로 구성되고, 조직편제화를 권고한다. ABS 경영에서 전체를 관조(觀照)하는 가장 중요한 역할을 수행한다. 그 이유를 들어 보자.

과거 경영방식은 팀 단위, 부서 단위로 목표를 부여받아 성과 달성에 매진하는 형태이다. 즉, 회사의 전체 성과지표는 부서 성과지표의 합과 거의 동일할 것이다. 그러나 ABS 경영에서는 팀이든 조직이든 활동점수로 평가를 받는다. 활동을 제대로 하면 회사 성과지표가 향상될 것이라는 개념이다. 즉, 회사 전체 성과지표는 마스터그룹에 의해 자원이 투하되는 정도에 따라 달성 수준이 변화되어 가는 것이다. 따라서 경영목표 달성이나 성과지표 개선에 있어서 마스터그룹의 영향이 가장 크다.

점수 · 순위 공개

직원별 활동점수 공개가 관건이다. 평가의 공정성과 투명성을 고려한다면 실시간 공개해야 한다. 이때 '업적성과 변동 매트릭스' 내 상위 분면으로의 빠른 이동이 가능할 것이다. 공개방법은 실시간 공개 이외에도 동일 직급 내 순위 리스트 공개, 개인별 공개(순위, 평균값 대비 수준), 관리자에 공개, 조직단위 공개, 비공개 등의 방법이 있다. 관리자 레벨에는 조직 단위 인당 활동점수도 제공된다.

개인별 공개내용은 업무실적물, 배정점수, 누적점수, 직급 내 순위, 직급평균/최고 등이다. 배정점수를 보고 자신이 하는 업무의 중요도를 판단해야 한다.

주관부서의 참여자 선정

프로세스 내 활동별 주관부서는 참여자를 선정할 수 있다. 프로세스에서
점수 높은 활동에 직원들이 참여하려 할 때 업무 규모, 조직 효율도 등을
보고 정할 수 있다는 의미이다. 업무전환자, 교육이수자에 대해서도 해
당된다. 직원별 직무능력·협업자세 등이 묵시적으로 반영될 수 있다.
단, 프로세스 내 정규 활동 외에 해당 업무에 대한 문제점과 개선을 제안
하는 활동으로는 언제든 참여가 가능하다.

이의제기 추진 방향

자신의 주 활동 점수가 낮거나 업무실적의 배점이 상대적으로 낮다고
느낄 때 이의제기를 할 것이다. 마스터그룹이 해당 활동의 프로세스
내 현 수준·중요도 등을 보고 배정하였을 것이다. '척암' 마스터도 단
순 업무이거나 실적물의 질적(質的) 수준을 보고 가점을 주지 않았을 것
이다. 일관성을 견지한 결과이다. 이들 단순 업무들을 포함하여 조직별
인당 활동점수 데이터가 쌓이면 저성과 조직에 대한 조직 개선이 연이
어질 것이다.
이의제기 시 면담 과정을 거쳐 희망 직군으로 전환되는 것이 원칙이지
만, 받는 조직에서 전환 거부를 하면 교육과정으로 넘어가게 된다. 이것
도 여의치 않은 경우 문제개선활동, 프로젝트 과제, 아이디어 도출을 통
한 신사업 창출 등을 수행하여 성과를 높여야 할 것이다.

노동조합과의 신뢰 구축

ABS 경영에서 성과관리는 직원들에 대한 급여 · 승진 · 배치전환 등 근로조건과 연계되어 있기 때문에 노동조합과의 협의가 필요하다. 노사관계에 있어서는 '현재 처한 경영환경에 함께 노력하고 동참하자'라는 말뿐인 설득보다 임금 · 복지수준에서 대폭적인 혜택을 주어야 할 것이다.

기업 내 적용 단계

ABS 경영을 기업에 곧바로 적용하기에는 무리가 따를 수 있다. 직원들이 변화된 시스템에 적응하는 시간과 기업 환경에 따라 시스템 정비가 필요하기 때문이다. 단계별로 적용하는 것이 바람직하다.

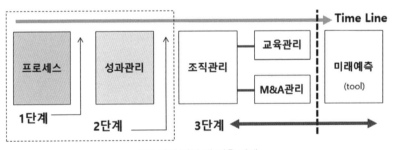

ABS 경영 기업 내 적용 단계

1단계 (직원변화 · 프로세스확인)

어떤 산업 · 직종이든지 직원들의 변화가 가장 중요하다. '활동점수기준' 프로세스에서 자신이 담당하고 있는 활동의 역할과 업적점수를 파악하고, 성과지표 극대화를 위한 주된 활동을 찾아 이를 수행하기 위해 자신의 역량을 단기간 내에 확보하려 노력하여야 할 것이다.

2단계 (성과관리 · 시범운영)

직원들이 활동을 통해 업무실적물을 등록하고 어떻게 평가되는지를 알게 된다. 동일 직급에서 자신의 활동 발생 정도, 누적점수, 순위 등을 볼 것이다. 자신의 업무가 단순 반복 업무이고 비효율적이라면 업무대체(전산화 · 아웃소싱) 시점이 곧 다가올 것이라 생각하고 업무지식과 기량을 쌓아야 할 것이다.

단순 의견수렴 · 공지 · 취합 목적의 회의는 줄어들게 된다. 의사결정 회의도 줄어든다. 주관 부서가 책임지고 결정한다. 야근과 휴일 근무는 제한된다. 기업 문화를 조기에 바꾸기 위함이다. '토론마당'을 오픈(Open)하게 된다.

2단계 심화 (성과관리 · 본격시범운영)

1개월 평가를 본격 운영해 본다. 저성과 직원들에 대해 관리자와의 면담을 통하여 변화 인지, 새로운 활동 권고, 업무전환이나 자기 개발을 인지하게 하여야 한다. 상품 · 서비스 · 제품 아이디어 창출을 위한 '토론마당'에도 적극 참여하게 되고, 사업화 과정의 프로젝트 팀 활동들도 본격 추진될 것이다. 1개월의 보상을 경험하고 승진 패턴을 익힌다. 회의문화를 바꾸고, 야근 · 휴일근무가 본격 제한되어 근무 시간 중에 최대의 업적성과가 양산되도록 한다.

3단계 (조직변화 · 본격운영)

조직 재편이 필요한 단계이다. 저성과 부서, 업무중첩 부서에 대해 통합을 검토한다. 조직별 인당 활동점수 개선 여부를 따지며, 단순 작업의 전산화, 아웃소싱을 본격 추진한다.

사이버러닝 교재 등록을 통한 사이버교육 환경이 구축된다. 식스시그마에 대한 자율학습 교재도 등록된다. '교육 풀(pool)' 과정 개발도 병행한다. 신사업 관련 미래예측 툴 및 의사결정 빅데이터가 지원된다.

3단계에서부터 모든 직원들이 경영목표를 향해 활동에 주력하는 단계가 될 것이다.

단체	시스템	조직	직원
1	• ABS 프로세스 구축 • ABS 성과관리 구축	• 임직원 교육 • 성과지표/조직직무 분석 • 단순작업 분류	• 마인드 변화 • 프로세스 확인 • 주활동 배정 확인 • 자기개발 준비
2	• 토론마당 Open • 아이디어 사업화를 구축 • 성과관리 보상 Open • 성과관리 승진 Open	• 척암/마스터 그룹 구성 • 관리자 역할 이해 • project팀 시범운영 • 회의/근무시간 시범운영	• 업무실적 등록 • 활동점수/순위 확인 • 자기개발 • 회의문화 개선 체험
		• 1개월 평가 본격 운영 • 저성과자 면담 • 토론마당/project팀 운영 • 회의문화/근무시간 개선	• 저성과자 면담 • 전환업무 파악/자기개발 • 문제해결/아이디어 발굴 • 회의문화 개선
3	• ABS 조직관리 구축 • ABS 교육관리 구축 • ABS 미래예측 Tool 구축 • 단순작업 전산화(지속)	• 조직 재편(통합검토) • 단순작업 전산화/아웃소싱	• 문제해결/아이디어 발굴 • 부서전환/교육참여 • 사이버러닝 자율학습 • 식스시그마 자율학습

ABS 경영 기업 내 적용 단계

경영기법 도입의 교훈

과거 선진 경영기법은 진단에서 소통까지 의욕적인 추진 과정을 통해 소수 핵심인력의 열정적인 참여로 기업 내 도입된다. 이후 전 직원의 적극적인 참여를 이끌어 내는 데 실패하고, 시간이 흐르면서 발생하는 기업의 환경적 변화를 시스템에 즉각적으로 반영하지 못함으로써 그냥 흐지부지해져 버리는 경우가 대부분이었다.

ABS 경영은 한번 시작되는 순간 전 직원이 모두 '실행' 과정에 동참할 수밖에 없다. 자신이 속한 프로세스 활동 수행만으로는 업적성과 경쟁에서 뒤쳐질 수밖에 없기 때문이다. 성과지표 향상을 위한 문제 발굴, 아이디어 창출, 새로운 고객가치 창출을 위한 새로운 상품 개발에 적극적으로 참여하고 이를 실행에 옮기게 될 것이다. 즉, 1단계에서 3단계까지의 적용과정을 단숨에 밟아 간다.

기업이 기존 어떤 경영방식으로 운영되고 있든 ABS 경영의 도입은 간단하고 쉽다. 왜냐하면 이미 비즈니스 프로세스의 기본 개념을 가지고 기업이 운영되고 있기 때문에 혼돈이 없다는 개념이 될 것이다.

도입 시 유의사항 해석

ABS 경영 도입 시에 발생할 수 있는 유의사항, 혹은 "이런 문제가 있지 않을까?" 하는 우려사항이 있을 수 있다. 이들에 대한 필자의 해석을 정리한 내용이다.

• 동급 직원 간에는 협업 저하?

ABS 경영에서는 동일 직급 직원들 간 치열한 내부 경쟁을 피할 수 없다. 이에 따라 동일 직급 동료 간의 단합과 협업 저하를 우려하는 내용이다. 기우(杞憂)라고 보면 될 것이다.

예를 들어 '원가'를 줄이는 비용 절감에 집중한다고 가정해 보자. 비용 절감 요인을 수집하고, 낭비요소를 찾아 아이디어를 내고, 이를 적용하여 실제적인 비용 절감을 달성하려고 하는 '활동'의 경쟁이다. 자율학습을 통해 앞서 있는 동료의 '활동'에서 아이디어를 얻어 더 좋은 성과를 내기 위해 노력하는 선순환의 관계이다. 과거와 같이 '남의 실적이 나의 평가 저하'라는 개념으로 내가 당연히 해 주어야 할 일을 지연하거나 책임 있게 도와주지 않으려 할 때도 문제없다. 그 활동을 하려고 하는 사람이 너무나 많기 때문이다.

과거 경영방식에서의 협업체계 문제점은 '조직 이기주의'로 연계되어 기업의 존망을 결정짓는 중요 이슈이지만, ABS 경영에서는 상호 간 경쟁을 통해 상생하는 관계가 될 것이다.

▪ 신파벌주의?

ABS 경영의 핵심은 경영목표에 부합하는 업적성과를 '몰입'하여 양산하자는 것이다. 따라서 수평적 기능단위 조직에서 과제를 척척 풀어내는 직원들끼리 '환상의 궁합'을 형성할 수 있다. 문제의 제기에서부터 해결에 이르기까지 단기간 내 최상의 업적성과를 만들어 내기 위해 다른 직원이 포함되기를 불편해하는 그룹의 형성, 이를 '신파벌주의' 개념으로 간주될 수 있다.

그러나 ABS 경영 개념 자체가 일 잘하는 사람이 활동을 많이 하는 구조이기 때문에 긍정적인 의미로 생각할 수도 있다. 과거 경영시스템에서 일 잘하지만 평가를 잘 받지 못하는 것과 배치되기 때문이다.

만약, 업무 협조요청에 대해 비협조가 발생한다면 그 일은 다른 직원이 대체할 것이다. 왜냐하면 그 활동을 하려는 직원 풀(pool)이 너무 많기 때문이다. 또 프로세스 관리 툴에 활동 지연 혹은 활동 부족으로 곧바로 뜰 것이다. 관리자그룹의 독려 혹은 타 직원의 '활동 참여'로 이어질 것이기에 폐쇄적 파벌주의는 형성할 수 없을 것이다.

진급 시에 '인성'평가가 포함되는 보팅(Voting)이 행해진다. 비협조로 불만을 가졌다면 이때 토털 코워크 저해 사례로 응징하면 될 것이다.

▪ 고성과자를 왕따? 결과적으로 하향평준화?

누적 활동점수가 아주 높은 직원들이 있을 것이다. 즉, 회사 일에만 전력을 다하거나, 개인 능력이 탁월하여 프로세스 활동 업무를 신속히 처리함으로써 업적성과를 많이 창출하는 직원들의 경우이다. 이들에 대해 그렇지 못한 직원들로부터 남다른 시선과 악의적 비평을 통해 조직적 따돌림을 가할 수 있지 않을까 하는 우려사항이다. 만약 이런 분위기가 팽배해지면 업적성과의 하향평준화를 도모하는 경우가 될 것이다.

ABS 경영에서는 업적성과가 낮은 직원들에 대해서는 관리자와의 면담이 상시화되어 있다. 오히려 이들이 앞서 있는 직원들을 참조하여 업적성과 창출에 더욱 능동적으로 참여할 수밖에 없을 것이다.

▪ 갑(甲) 업무 선호?

'갑(甲) · 을(乙)' 관계를 형성할 때 모두가 '갑(甲)'의 위치에서 일을 할 수 있는 힘 있는 부서를 선호한다. 대부분 편한 자리여서 '활동' 몰입은 남의 일처럼 보일 것이다. 활동점수를 0.05점으로 만들어도 움직이지 않을 수 있다. 활동점수를 받지 않아도 좋으니 이 자리에서 일하게만 해달라는 식일 것이다.

'갑(甲)' 위치의 업무는 이권(利權)부서이다. 다양한 형태의 '비리'가 발생할 수 있고, 이것이 회사에 큰 악영향을 발생시키거나, 직원들 간의 위화감을 조성하는 큰 원인이 되곤 한다.

ABS 경영에서는 이들 업무를 '인공지능화' 혹은 '전산화'하는 것이 기본 원칙이다. 그리고 담당 직원의 최소화 및 정기(3개월 단위) 교체를 권고한다. 예를 들어, 업체평가가 있다면 현업 직원으로 태스크팀을 구성하고 결과를 전산에 입력하여 바로 순위를 결정하는 방식이다.

▪ 그래도 실패를 하면?

예를 들어, 프로세스 활동에 모든 직원들이 몰입했는데도 실패의 결과가 나왔다면 어떻게 해야 할까? 빠른 적응성으로 더 나은 방향으로 빠른 전환을 하고 있었어야 될 터인데 말이다.

실패사례도 원인 분석을 통해 많은 개선점을 찾을 수 있기에 전향적 개념으로 생각할 필요가 있다. 실패 원인도 그 당시의 환경적 요소와 함께 분석하여 이를 활동으로 간주하고 업무실적화 할 것이다. 실패의 결과는 이미 과거의 일이다. 앞으로 일어나게 될 문제를 얼마나 더 빨리 해결하고 대처하는가에 중점을 두어야 할 것이다.

▪ 개인 시간을 통제한다?

유치원 아동들의 가슴에 한(恨)을 맺히게 하는 것이 있다. 발표회 때 다른 아빠들은 모두 오는데 회사일 바쁘다고 아빠가 오지 않았을 때일 것이다. 자녀들의 성장 과정에서 부모로서 이러한 개인 시간들이 반드시 필요하다. 또 집안에 우환이 있을 경우나, 본인의 건강상 문제, 경사(慶事) · 상사(喪事), 은행 · 관공서 일 같은 꼭 필요한 개인 시간들이 있다.

ABS 경영에서는 개인 시간을 엄격히 통제하는 개념은 아니다. 단지 '질적(質的) 수준이 높은 활동 결과물'을 많이 양산하라는 것이다. 개인 시간을 쓰면 야근 · 잔업이 없기 때문에 자신의 근무 시간이 줄어들고, 결과적으로 활동 결과물이 줄어드는 것이 통계 데이터로 곧바로 표시된다. 따라서 개인 일은 부득이한 경우를 제외하고는 업무 이외 시간을 이용할 수밖에 없을 테고, 근무 시간에는 자연스럽게 업무에 몰입하게 될 것이다.

• 인공지능 시스템이 직원 대체?

결론적으로 말하자면, 제아무리 인공지능 시스템이 발전한다 하더라도 회사 업무는 대체할 수 없다. 물론 과거 수작업 루틴잡은 전산화 · 시스템화 될 것이다. 또 ABS 경영으로 바뀌면서 상당 업무들이 간소화된다. 예를 들면 조직 구성 시의 세부 절차(조직진단, 직원배치 등), 업적평가 관련 목표 수립부터 평가 완료까지의 낭비적 요소, 관리조직 업무 등이다. 물론 이러한 일을 수행하였던 직원을 대체했다는 개념적 요소는 있지만, 이러한 일은 애초 낭비적 업무이었다.

생산적 경영활동, 즉 아이디어를 얻고 개선점을 찾아, 전략적 의사 결정을 하여, 투하된 자원으로 성과를 만들어 가는 경영활동은 사람이 하여야 한다. 시스템은 이를 지원하는 역할을 담당한다. 예를 들면 활동 · 자산 · 인력 · 돈을 효율적으로 배분하는 흐름(Flow) 경영 지원이나 미래예측 툴 및 의사결정을 위한 빅데이터 지원 같은 것들이다.

• ABS 경영이 불필요한 기업이 있다? 없다?

조직 혹은 인력 규모가 작은 중소기업이나 설립 초기 기업은 필요 없다. 이미 근무 시간 중에 최선을 다하고 있고, 회사 목표 달성을 위해 자발적으로 헌신하고 혼연일체의 모습을 보이고 있을 것이기 때문이다. 신제품 개발, 차별화된 제품 개발, 품질개선, 원가절감 등에 모두가 몰입하고 아이디어를 쏟아 내놓을 것이다. 업적성과 변동 매트릭스로 치자면 2상한 꼭대기에 분포하고 있을 것이다.

ABS 경영은 10년 이상 사업을 해오면서 기업 규모가 커지고, 과거 · 현재 · 미래 사업조직이 동시에 운영되고 있다면 도입할 필요가 있을 것이다.

Epilogue

현재 모습을 한번 보자. 평가 시즌이 되면 항상 등장하는 말이 있다. '안 배!' 평가를 제대로 할 수 없으니 고과나 승진을 나누자는 의미이다. 어차 피 나눠 먹기식이니 비효율적 근무문화가 자연스럽게 발생한다. 평가를 통 해 동기부여를 주기는커녕 불신의 골이 깊어져 평가 후 상당 기간 일손을 놓는 희한한 현상이 발생하고 있다.

아무리 열심히 일을 해도 '일 따로, 평가 따로' 관행이 쭈욱 이어져 왔으 니 바꾸기도 어렵다. 자주 듣는 구호다. 열정과 몰입! 경영목표 달성하자! 온 마음으로 받아들이는 사람은 많지 않다. 변화와 혁신이 필요함에도 이 미 안정적인 경영성과를 내고 있기 때문에 경영자마저도 변화를 주저한다.

세계 최고의 기업을 지향한다면 무엇부터 해야 할까? 혹은 이미 세계 수 준에 있는 기업이 이를 유지하고 더욱 성장하기 위해선 어떤 것이 필요할 까? 경영방식부터 고쳐야 한다.

최고의 성과를 내기 위해 전 직원이 한 방향으로 몰입하고 혁신과 창의 로 스스로 변화하는 조직을 만들기 위해선 'ABS 경영시스템'을 도입하여 야 한다. 전 직원의 베스트에포트(best effort), 모든 활동이 경영목표를 지향 한다는 것만으로도 이미 세계 최고 기업의 필요조건을 갖추는 것이다. 자율학습을 통한 자기계발, 끊임없는 아이디어 개발, 신사업 발굴 등을 통해 더욱 구체화될 것이다. 내 생활의 3분의 1를 보내는 일터로서 야근 안 하고, 보다 마음 편하게 일할 수 있는 직장, 토털 코워크를 통해 서로 간에 신뢰하고, 성과 향상이 최대한 개인에게 보상되는 훌륭한 직장(GWP)을 쉽게 만들 수 있다.

ABS 경영시스템은 모든 산업 · 모든 조직에 적용 가능하다. 프로세스와 활동을 가지고 있다면 모두 적용될 수 있고, 인수합병 조직이나 글로벌 조직에도 뛰어난 효용성을 발휘할 것이다. 종래의 경영시스템과 달리 회사 내 쉽게 적용할 수 있다.

단, 경영성과 향상을 직원들에게 기꺼이 나눠 줄 수 없다면 ABS 경영시스템을 도입하지 말라고 얘기하고 싶다. 직원들 간의 치열한 경쟁이 보람과 성취로 선순환되어 자발적 참여로 이끌어 내기 위해서는 가장 중요한 요소가 성과를 나누어 주는 것이기 때문이다. 기꺼이 돌려주려는 경영자 자세가 반드시 수반되어야 한다.

20년 전에 생각한 것을 개념으로 정리해서 한번 책으로 써 보려던 것을 이제야 완성하게 되었다. 많은 분들이 무릎을 치며 공감하는 부분도 있을 것이다. 그동안 여러 사람들을 통해 의견을 구해 보았는데 반응은 각양각색이었다. 직원 관점에서 보면 "이제 좋은 시절 다 지나갔네!", "순위 관리는 너무 가혹하다!"는 말들이 있었다. 경영자 관점에서의 의견은 "아이디어는 좋은데 될까?" 등이다.

처음부터 안 될 것이라고 생각하는 사람과 뭔가 될 것 같다고 생각하는 사람과는 큰 차이가 있다. 물론 처음 실행단계는 힘들 수 있다. 하지만 그 거대한 조직관리의 폐단을 일거에 해소하고 단기간 내에 최고의 기업이 될 수 있다는 확신을 가지고 먼저 시작하여야 한다.

4차 산업혁명의 시대에서는 새로운 기술환경으로의 빠른 전환이 필요할 것이다. ABS 경영은 민첩성과 빠른 적응성을 가진 새로운 경영기법이라고 감히 얘기하고 싶다. ABS 경영시스템에 대한 명확한 이해를 통해 현재의 조직문화와 관습에 맞는 경영기법으로 재구성하거나 재해석할 수 있는 계기가 되리라 생각하기에 앞과 뒤가 다르지 않은 아낌없는 후원을 해 주리라 기대해 마지않는다. 인텔 인사이드처럼 'ABS 인사이드'가 기업 가치를 올리는 핵심 경쟁력으로 자리 잡기 바란다.

ABS 경영은 지금까지 익숙해 온 경영방식과 처음부터 끝까지 완전히 다르다. 껍질을 깨는 아픔이 필요하지만, 미지의 세계로 들어가는 탐험가의 마음으로 도전한다면 세계 최고 기업이 이미 되어 있을 것이다.

〈www.ABSinFlow.com〉

찾아보기

참고자료

제2부

1) https://tradingeconomics.com/country-list/productivity

2) https://data.oecd.org/emp/hours-worked.htm

3) 매일일보 (2017.2.26), 국내 기업 회의문화, 100점 만점에 45점 '낙제'

4) 뉴시스 (2009.11.17), "나도 루저, 38억배상하라"… 모두 78명

제3부

1) 연합뉴스 (2009.9.30), 스마트폰 4년 뒤 400만 대로 늘어난다

2) 방송통신위원회 홈페이지, www.kcc.go.kr

3) 글로벌오토뉴스 (2016.12.27), 아무도 전기차를 죽이지 않았다

4) 디지털타임스 (2010.12.16), KT, CCC로 데이터 폭증 대비

5) kt 스마트블로그 (2011.10), KT, 세계 최초 CCC 기술 도입 이후 8개월의 성
   과를 말하다

6) metro (2014.1.22), KT, 'LTE 이노베이션센터' 글로벌 VIP 등 방문객 1000명
   돌파

7) 헤럴드경제 (2014.1.23), IT거물도 놀란 LTE혁신벨트…창조경제 길 열다

8) 아이뉴스24 (2012.10.4), '와신상담' KT, 음성LTE '칼' 뽑는다(저자 인터뷰)

9) 이코노믹리뷰 (2017.5.17), 치명적 실패? 혁신의 반면교사!

10) 헤럴드경제 (2015.7.7), 도요타 '심장' 모토마치 공장 견문록

11) Cynthia Shapiro, "Corporate Confidential: 50 secrets your company doesn't
    want you to know — and what to do about them", 2005.8.2, p.12.

제4부

1) Bass, F.M., "A New Product Growth Model for Consumer Durables", Management Science, 1969

2) 방송통신위원회 홈페이지, www.kcc.go.kr

3) kt 홈페이지, www.olleh.com

4) Tom Peters & Robert Waterman, "In Search of Excellence", 1982

5) 이코노미조선 (2016.12.5), 도요타의 5대 위기극복법

6) 조선비즈 (2017.1.6), 움츠렸던 日의 반격…도요타 · 혼다, 車와 인간의 교감으로 부활 '신호탄'

7) sony.net (2012.8.20), Sony Develops "Exmor RS," the World's First*1 Stacked CMOS Image Sensor

8) 아이뉴스 (2017.5.9), 반도체 블루칩 '이미지센서', 차량으로 '전이'

제5부

1) 키뉴스 (2017.4.19), 5G에 대한민국 ICT의 운명이 달려 있다? 5G에 올인 해야 하는 이유[창간기획]

2) Linkedin (2017.2.28), Nokia and Sprint demonstrate massive MIMO at #MWC17

3) 소프트뱅크 홈페이지, www.softbank.com

4) blog.caranddriver (2016.11.15), Future Past: Self-Driving Cars Have Actually Been Around for a While

5) 네이버블로그 bblues (2007.1.8), 웃기는 전격 z 작전 KItt 튜닝

6) Bloomberg (2017.1.17), These Are the World's Most Innovative Economies

7) LG유플러스 블로그 (2015.5.12), 휴대폰 역사, 상용화 32년 동안 어떻게 변

했을까?

8) 인사이터스 블로그 (2017.4.12), 자율주행 자동차의 현주소, 그리고 향후 비즈니스 기회

9) 네이버포스트 다키 (2017.4.27), 현대차의 중국발 위기, 어떻게 해결하나?

10) 네이버블로그 visual & storytelling (2013.7.4), 뉴욕 레이스 – 영화 제5원소의 설정을 가져온 게임

제6부

1) 매일경제 (2014.2.7), 완벽한 시스템은 이젠없다..고치고 또 고쳐라

2) 매일경제 (2014.6.27) 변화무쌍한 세계…팀 끊임없이 만들고 해체하라

3) EBN (2017.5.3), 삼성전자, 사내 벤처 C랩 출범 5년…"쓸모없는 아이디어란 없다"

4) 조선비즈 (2017.4.6), '삼성' 간판 뗀 벤처맨들, 글로벌 시장 누빈다

5) 네이버블로그 Vision Creator (2016.6.16), 텐센트, 10조원에 핀란드 게임사 수퍼셀 인수

6) 네이버블로그 화이트스톤 둠글라스 (2013.12.21), 핀란드, 이젠 노키아를 그리워하지 않는다

제7부

1) 네이버블로그 한국원자력문화재단(2017.4.19.), 도시바와 웨스팅하우스의 몰락은 원전산업 위기의 신호일까?

2) Stat Counter, GlobalStats (2017.3.7), Android challenges Windows as world's most popular operating system in terms of internet usage

3) 아이뉴스 (2017.4.22), 국내 최초 스마트폰은

4) 블로터 (2013.2.11), 안드로이드 3년, 모토로이부터 넥서스4까지

5) photohistory.tistory.com (2010.3.19), 스마트폰 전쟁, 승리자 모토로라 드로이드 패배자 넥서스원

6) 전자신문 (2017.3.30), 한눈에 보는 '갤럭시S' 시리즈 변천사

7) 조선비즈 (2017.5.24), 日의 '일자리 개혁'… 근로 시간·장소 통념을 깨다

8) medium.com, GoodDesign (2016.2.4), Visualizing the 4 Essentials of Design Thinking by Jasper Liu

9) 뉴스1 (2016.3.24), 혁신방법부터 '혁신'…집단지성 '모자이크'로 뉴삼성 만든다

10) 이코노미조선 (2015.7.3), 삼성전자의 집단지성시스템 '모자이크'

11) 이코노믹리뷰 (2014.11.7), 인정해라, 이제 우리는 샤오미를 알아야 한다 (1), (2)

12) Techspot india (2016.9.9), Xiaomi Mi Max Review

13) 네이버카페 Quirky-아이디어 (2013.8.13), Quirky Process에 관하여

14) 4revolution (2014.10.22), "Crowdsourcing: Quirky, a think tank for General Electric" by Alain Clapaud